Teoria geral da administração

COLEÇÃO **FGV**  UNIVERSITÁRIA

Teoria geral da administração

MARCELO MILANO FALCÃO VIEIRA
Glauco da Costa Knopp
Hygino Lima Rolim
Janaina Machado Simões
Leonardo Vasconcelos Cavalier Darbilly

EBAPE
EDITORA
IDE

Copyright © 2012 Marcelo Milano Falcão Vieira; Glauco da Costa Knopp; Hygino Lima Rolim; Janaina Machado Simões; Leonardo Vasconcelos Cavalier Darbilly

Direitos desta edição reservados à
EDITORA FGV
Rua Jornalista Orlando Dantas, 37
22231-010 | Rio de Janeiro, RJ | Brasil
Tels.: 0800-021-7777 | 21-3799-4427
Fax: 21-3799-4430
editora@fgv.br | pedidoseditora@fgv.br
www.fgv.br/editora

Todos os direitos reservados. A reprodução não autorizada desta publicação, no todo ou em parte, constitui violação do copyright (Lei nº 9.610/98).

Os conceitos emitidos neste livro são de inteira responsabilidade dos autores.

1ª edição – 2012; 1ª reimpressão – 2016; 2ª reimpressão – 2019.

Preparação de originais: Maria Lucia Leão Velloso
Editoração eletrônica: FA Editoração Eletrônica
Revisão: Fatima Caroni | Tathyana Viana
Capa: aspecto:design

Impresso no Brasil | *Printed in Brazil*

Ficha catalográfica elaborada pela
Biblioteca Mario Henrique Simonsen

Teoria geral da administração / Marcelo Milano Falcão Vieira... [et al.]. – Rio de Janeiro: Editora FGV, 2012.
200 p. – (FGV Universitária)

Inclui bibliografia.
ISBN: 978-85-225-0958-4

1. Teoria da administração. I. Vieira, Marcelo Milano Falcão. II. Fundação Getulio Vargas. III. Série.

CDD – 658.001

Sumário

Prefácio 7
Filipe Sobral e Vanessa Brulon Soares

Introdução 9

1. Abordagem clássica 17
   Fundamentos históricos do pensamento administrativo 17
   A abordagem clássica 21
   A administração científica 23
   Teoria clássica da administração 35
   Desdobramentos da abordagem clássica 46
   Limitações da abordagem clássica 53

2. Abordagem das relações humanas 59
   Contexto histórico 59
   Elton Mayo e a experiência de Hawthorne 64
   A abordagem comportamental da administração 67

3. Teoria da burocracia 83
   Contexto histórico 83
   O recurso metodológico: tipo ideal 88
   Desencantamento do mundo, racionalização
      e modernização da sociedade 89
   Ação social e racionalidade 90
   Poder, dominação, autoridade e legitimidade 92

Burocracia e dominação 93
Características da burocracia 95
Críticas e desenvolvimentos posteriores à teoria da burocracia 100

4. **Abordagem sistêmica das organizações** 107
O contexto histórico e a teoria geral dos sistemas 107
O modelo de Tavistock e a abordagem sociotécnica das organizações 111
A perspectiva sistêmica de Katz e Kahn 113
As funções genotípicas das organizações 115
Críticas à abordagem sistêmica 116

5. **Abordagem contingencial da administração** 119
Organizações e ambiente 120
Tecnologia e organizações 122
Os trabalhos do Grupo de Aston 123
Configurações organizacionais e eficácia 131
Críticas à abordagem contingencial 136

6. **Teorias contemporâneas** 139
A abordagem institucional das organizações 139
A teoria da dependência de recursos 146
Economia dos custos de transação 148
Ecologia populacional 151
Críticas às abordagens ambientais contemporâneas 155
O poder nas organizações 156

7. **Precursores da TGA no Brasil: Alberto Guerreiro Ramos, Maurício Tragtenberg e Fernando Cláudio Prestes Motta** 165
Alberto Guerreiro Ramos: a nova ciência das organizações 166
Maurício Tragtenberg: administração, burocracia, poder e ideologia 174
Fernando Cláudio Prestes Motta: organizações e poder 180

Referências 187

Prefácio

É difícil expressar nas poucas linhas de um prefácio o importante papel que o pesquisador e professor Marcelo Milano Falcão Vieira assumiu na área acadêmica de estudos organizacionais e na vida de cada um que teve o privilégio de conviver com ele. No campo tanto profissional quanto pessoal, foi uma pessoa singular, e essa singularidade se faz presente neste livro.

Sua trajetória acadêmica evidencia a plasticidade de pensamento que marcava o pesquisador que, munido da capacidade de enxergar além e da coragem de pronunciar o impronunciável, trouxe grandes avanços teóricos para a área de estudos organizacionais, deixando suas marcas por onde passou. Como pesquisador, trilhou, ao longo de sua vida, um percurso acadêmico brilhante, publicando trabalhos com outros pesquisadores renomados da área. Foi coordenador do Observatório da Realidade Organizacional, coordenador do curso de doutorado em administração da Ebape/FGV e editor do periódico *Cadernos Ebape*.

Sua atuação na perspectiva da teoria institucional fez com que seja reconhecido como um dos principais pesquisadores brasileiros do campo. Em sua vida acadêmica, foi comprometido com a temática da cultura, analisando, principalmente, a gestão de organizações culturais e sua relação com o desenvolvimento local. São marca também de sua trajetória os trabalhos realizados com o pai, Euripedes Falcão Vieira, geógrafo de formação, que abordam a temática do espaço e têm caráter interdisciplinar, tentando integrar geografia e estudos organizacionais. Essa era a missão que Marcelo Milano Falcão Vieira intencionava levar adiante em seus próximos anos de pesquisa.

Embora seus trabalhos tenham abarcado uma diversidade de temas, perpassam em todos eles o pensamento crítico, a prática social e o exercício da denúncia. O compromisso com seu papel perante a sociedade merece ser lembrado e reverenciado como um marco de sua trajetória acadêmica. Essa qualidade, que conferia identidade aos seus trabalhos, também se mostra presente neste livro, dando a ele sua distinção. Seu vasto conhecimento e sua paixão pela área de estudos organizacionais fazem do pesquisador a pessoa indicada para retratar, por meio de um olhar crítico, as principais teorias organizacionais, de forma a introduzir novos acadêmicos na área.

Sua obra foi um reflexo de suas qualidades pessoais, que o constituíam como uma pessoa notável, querida e respeitada entre alunos, orientandos e colegas de trabalho. Pessoa verdadeiramente humana, o professor Marcelo, como costumava ser chamado com carinho, também demonstrava em sua vida pessoal a mesma preocupação com o outro que marcava seus trabalhos.

Por isso, fica aqui um agradecimento em nome de todos aqueles que tiveram suas vidas com a dele cruzadas, e que certamente foram engrandecidos nessa relação. Muitos percursos foram mudados, muitos pesquisadores foram formados e reformados, muitos olhares foram redirecionados para questões de âmbito social, sob influência do pesquisador que aqui se pretende homenagear. Esse tributo certamente não está à sua altura, mas depositamos nele todo o afeto que nosso eterno mestre merece receber.

Vale lembrar que esta obra foi possível também graças a um trabalho coletivo. Com a colaboração de pesquisadores por ele formados, que estão entre coautores e revisores, o livro foi produzido por meio de um árduo trabalho em equipe coordenado pelo próprio professor Marcelo, que sempre reconheceu o esforço de todos nessa empreitada.

Marcelo Milano Falcão Vieira se foi no fim de 2011 e não pôde ver esta obra publicada, deixando entre nós uma enorme falta, que não será preenchida com as páginas deste livro. Mas nos deixa também preciosa herança acadêmica, que o fará ser lembrado por muitas gerações de pesquisadores e que garantirá que seu papel de educador e suas contribuições para a área acadêmica sejam eternizados.

Filipe Sobral, professor e chefe do
Centro de Formação Acadêmica e Pesquisa (CFAP) da Ebape/FGV
Vanessa Brulon Soares, doutoranda em administração pela Ebape/FGV

Introdução

A administração como área sistematizada do conhecimento moderno surgiu no início do século XIX para resolver um problema novo que se apresentava para a sociedade. Com o advento da Revolução Industrial, que propiciou a passagem do sistema rural e feudal de organização social da produção para a produção em larga escala, o novo e grande problema passou a ser descobrir qual a melhor forma de organizar o trabalho e a produção. Para tentar solucioná-lo, estabeleceu-se uma nova maneira de estruturar o trabalho e a vida em geral nas sociedades: a organização moderna.

A organização moderna trouxe novos desafios para a sociedade. Apesar de se acreditar que ela seria capaz de fazer os indivíduos alcançarem objetivos inatingíveis individualmente, favorecendo o desenvolvimento e o enriquecimento social, tornava-se necessário sistematizar o conjunto de variáveis que atuava sobre e nesse novo objeto. Tratava-se, pois, de duas categorias de saber: uma referente a crenças e valores e outra a um conjunto de elementos objetivos.

Neste livro trabalhamos as duas dimensões: a administração como fruto da crença nos valores da modernidade e, portanto, como ciência moderna, e a realização dessas crenças em técnicas específicas, ou seja, a gestão das organizações. Para tanto, dividimos o livro em duas partes. A primeira descreve as principais teorias administrativas baseadas nos paradigmas positivista e pós-positivista, mostrando as abordagens clássica, das relações humanas, burocrática, sistêmica e contingencial, assim como uma breve apresentação de algumas abordagens contemporâneas, como as teorias institucional, da dependência de recursos, de economia dos custos de transação, de ecologia populacional e de poder. A segunda parte descreve abordagens orientadas pelo paradigma crítico, com atenção particular para a obra de três renomados autores brasileiros: Alberto Guerreiro Ramos e a teoria da delimitação dos sistemas sociais, Maurício Tragtenberg e a administração como ideologia e Fernando Cláudio Prestes Motta e suas reflexões sobre a organização e o poder. Encerra o livro um breve histórico da administração como área sistematizada do conhecimento no Brasil.

Para a compreensão adequada deste livro é importante entender que as escolas do pensamento administrativo e organizacional não representam técnicas de gestão neutras, isoladas do mundo dos valores. Por essa razão optamos por apresentá-las a partir de suas características paradigmáticas, o que explica a divisão do livro em duas partes principais.

A noção de paradigma foi tratada por diversos autores. Em *A estrutura das revoluções científicas*, lançado em 1962, Thomas Kuhn apresenta várias definições desse termo. Mas podemos resumi-las afirmando que paradigma é o conjunto de crenças e valores que uma comunidade científica partilha e que lhe permite julgar o verdadeiro e o falso, o válido e o não válido. É a partir do estudo dos paradigmas que nos tornamos membros da comunidade científica em que passaremos a atuar (Kuhn, 2000). Denzin e Lincoln (2007:163) definem paradigma como "um conjunto básico de crenças que orientam a ação". Essas duas definições são fundamentais para o entendimento da administração como área de conhecimento, pois permitem estabelecer as bases sobre as quais cada escola do pensamento administrativo e organizacional foi criada.

Um trabalho importante para que se possa situar as escolas do pensamento administrativo em um esquema classificatório paradigmático é o de Burrell e Morgan (1979). Nele, os autores sugerem quatro paradigmas – o funcionalista, o interpretativo, o estruturalista radical e o humanista radical –, com base no cruzamento de duas dimensões dispostas em dois eixos. No eixo vertical situam-se as dimensões "mudança radical" e "regulação"; no eixo horizontal, as dimensões "objetividade" e "subjetividade". Assim, os paradigmas estão definidos como se segue:

❑ *Paradigma funcionalista* (objetividade e regulação). Nesse paradigma, as escolas entendem a ação humana como racional e acreditam que o comportamento organizacional e social pode ser compreendido por meio de teste de hipóteses. É o paradigma dominante na administração, na qual se situa a maioria das escolas do pensamento administrativo e organizacional.
❑ *Paradigma estruturalista radical* (objetividade e mudança radical). As escolas situadas nesse paradigma entendem os conflitos como elementos estruturais das organizações e sistemas sociais, o que gera mudanças constantes por meio de crises nos sistemas político e social.
❑ *Paradigma interpretativo* (subjetividade e regulação). Compreende as escolas que entendem a estabilidade dos sistemas organizacional e social pelo ponto de vista dos indivíduos e grupos sociais. A abordagem cognitiva é central.
❑ *Paradigma humanista radical* (subjetividade e mudança radical). Assume a posição de pôr em evidência os condicionantes estruturais que impossibilitam a emancipação do homem.

FIGURA 1. Paradigmas sociológicos na análise organizacional

	Sociologia da mudança radical		
Subjetivo	Paradigma humanista radical	Paradigma estruturalista radical	Objetivo
	Paradigma interpretativo	Paradigma funcionalista	
	Sociologia da regulação		

Fonte: Adaptado de Burrell e Morgan (1979).

A perspectiva sobre paradigmas que adotamos neste livro, porém, é a de Lincoln e Guba (2007), por ser mais abrangente e permitir uma classificação mais precisa das escolas do pensamento administrativo e organizacional. Os referidos autores propõem os seguintes paradigmas: positivismo, pós-positivismo, teoria crítica e construtivismo. Os paradigmas são definidos e diferenciados entre si por princípios de natureza ontológica, epistemológica e metodológica. Com base em Goulart e Carvalho (2005), esses princípios podem ser assim definidos:

- *Ontologia*. Preocupa-se com a natureza da realidade, se objetiva ou subjetiva.
- *Epistemologia*. Estuda a relação do pesquisador com o objeto. Orienta o pesquisador para a neutralidade em relação ao objeto ou aos sujeitos pesquisados, ou ainda para a interação entre eles.
- *Metodologia*. Orienta o processo de pesquisa, que pode ser dedutivo e descontextualizado ou indutivo e contextualizado. No primeiro caso, é necessário o teste de relações de causa e efeito. Generalizações levam à predição, à explicação e ao entendimento. Chega-se à acurácia e à consistência mediante a validade e a confiabilidade. No segundo caso, testa-se a inter-relação de fatores. Desenvolvem-se padrões e teorias para o entendimento da realidade. Alcançam-se a acurácia e a consistência mediante a verificação e a força da argumentação teórica.

Dessa forma, temos a seguinte configuração paradigmática:

QUADRO 1. Crenças básicas dos paradigmas alternativos investigados

Questão	Positivismo	Pós-positivismo	Teoria crítica	Construtivismo
Ontologia	Realismo ingênuo: realidade "real" mas inteligível (apreensível)	Realismo crítico: realidade "real", mas apenas imperfeita e probabilisticamente inteligível (apreensível)	Realismo histórico: realidade virtual influenciada por valores sociais, políticos, econômicos, étnicos e de gênero, cristalizados ao longo do tempo	Relativismo: realidades construídas em planos locais específicos

Continua

Questão	Positivismo	Pós-positivismo	Teoria crítica	Construtivismo
Epistemologia	Dualista/objetivista; descobertas verdadeiras	Objetivista/dualista modificada; tradição crítica/comunidade; descobertas provavelmente verdadeiras	Transacional/subjetivista; descobertas mediadas por valores	Transacional/subjetivista; descobertas criadas
Metodologia	Experimental/manipuladora; verificação das hipóteses; métodos sobretudo quantitativos	Experimental modificada/manipuladora; pluralismo crítico; falsificação de hipóteses; pode incluir métodos qualitativos	Dialógica/dialética	Hermenêutica/dialética

Fonte: Adaptado de Lincoln e Guba (2007).

Situamos as escolas da administração aqui discutidas nos três primeiros paradigmas (positivista, pós-positivista e crítico). Essa categorização será justificada e ficará mais clara à medida que o leitor for avançando nos capítulos. Salientamos, porém, que tal classificação não é exaustiva. Nem a tipologia escolhida para a definição dos paradigmas, nem a tipologia de perspectivas teóricas que escolhemos para representar o pensamento administrativo e organizacional. Todo esforço classificatório tem suas limitações, mas acreditamos que a classificação por nós adotada faz jus ao conjunto de teorias que apresentamos a seguir.

No capítulo 1, temos as teorias que formam o que denominamos abordagem clássica da administração, na qual se incluem especialmente os estudos desenvolvidos pelos engenheiros Frederick Winslow Taylor (norte-americano) e Henri Fayol (francês). Seus trabalhos foram de extrema relevância para os estudiosos da administração, já que até então ainda não havia um corpo teórico que permitisse a análise das questões inerentes às organizações. Dessa forma, estudos como o dos tempos e movimentos, divisão do trabalho, especialização dos trabalhadores e princípios da administração estão no cerne dessa abordagem e ainda exercem, nos dias de hoje, enorme influência sobre a maneira de as diversas empresas se organizarem. Cabe ainda ressaltar o aspecto prescritivo dessa abordagem, uma vez que a questão que lhe interessa é como fazer para que as organizações sejam tão eficientes quanto possível.

No capítulo 2, é apresentada a escola das relações humanas, que reconheceu pela primeira vez que os aspectos subjetivos dos indivíduos interfeririam na produtividade destes nas organizações. A partir daí, os estudos organizacionais passaram a ser influenciados por abordagens oriundas especialmente da área da psicologia do trabalho, como reflexões sobre questões ligadas à motivação e à liderança no trabalho. Assim, reconheceu-se que o comportamento dos indivíduos não segue uma racionalidade extrema, como se pensava, mas é significativamente influenciado por questões emocionais, afetivas e não racionais. Além disso, descobriu-se que as organizações não são formadas tão somente por grupos formais; pelo contrário, são constituídas sobretudo por diversos grupos informais, que também são determinantes para a produtividade de seus membros. A questão, pois, que orienta os trabalhos dos estudiosos dessa escola difere ligeiramente da anterior, podendo ser assim formulada: como trabalhar os aspectos subjetivos dos membros organizacionais de modo a que estes possam se tornar mais produtivos?

O capítulo 3 apresenta os estudos desenvolvidos pelo sociólogo alemão Max Weber que marcaram sobremaneira os estudos organizacionais por abordar as características relativas à principal forma de as organizações modernas se constituírem, tomando por base uma estrutura de relação social denominada burocrática. Tal estrutura, que por sua vez também é a principal forma de dominação na atualidade por proporcionar maior eficiência, é orientada por um tipo de racionalidade chamado por Weber de instrumental, por estar relacionado à adequação dos meios a fins específicos. Dessa forma, estudar a teoria da burocracia torna-se essencial para todos que se interessem pelos estudos organizacionais, uma vez que esta nos ajuda a refletir sobre alguns elementos essenciais à compreensão do funcionamento das organizações.

Já o capítulo 4 trata da abordagem sistêmica das organizações, que representou um marco nos estudos da administração por trazer pela primeira vez o ambiente externo para a análise das organizações. Essa teoria reconheceu que as empresas não atuam de forma isolada de seu meio; pelo contrário, trocam com ele energia constantemente, influenciado-o e sendo por ele influenciadas. Vale ressaltar que a metáfora de sistemas, que passou a ser utilizada por essa teoria para tratar das organizações, tem origem na biologia, sendo por isso alvo de objeções por parte de alguns estudiosos. Ainda assim, a teoria dos sistemas continua sendo uma das mais utilizadas no âmbito dos estudos organizacionais, o que gera algumas consequências, também abordadas nesse capítulo.

O capítulo 5 apresenta a abordagem da contingência estrutural, composta por diversos estudos influenciados pela teoria dos sistemas e que procuram, sobretudo, estabelecer uma relação entre a organização e seu ambiente externo. Isso porque, segundo essa teoria, uma organização não pode sobreviver sem adaptar constantemente sua estrutura às variáveis presentes no ambiente em que atua. Os estudos contingenciais ficaram também bastante conhecidos por tentar descrever e explicar que configurações estruturais eram adequadas a determinados tipos de ambientes, especialmente os estudos realizados por Burns e Stalker, Joan Woodward, o Grupo de Aston, entre outros. A teoria da contingência representou um grande avanço com relação às demais abordagens por enfatizar o fato de que nada é absoluto nas organizações, havendo várias formas de alcançar um mesmo objetivo.

O capítulo 6 trata das diversas abordagens contemporâneas mais recentes, que continuaram a salientar a influência do ambiente externo sobre as organizações, ainda que algumas tenham alterado a própria noção de ambiente, acrescentando-lhe aspectos negligenciados pela abordagem contingencial. São elas: teoria institucional, teoria da dependência de recursos, economia dos custos de transação, ecologia populacional e abordagem de poder.

Por fim, no capítulo 7 são apresentadas as contribuições de três dos principais autores brasileiros na área da administração: Alberto Guerreiro Ramos, Maurício Tragtenberg e Fernando Cláudio Prestes Motta. A reflexão desses pensadores é de extrema importância para todos os que se dedicam ao estudo da administração, uma vez que suas teorias foram elaboradas tomando por base o contexto brasileiro e que um de seus principais objetivos foi chamar a atenção para o fato de que não é possível entender o que se passa em nossas organizações sem compreender adequadamente o contexto em que estamos inseridos. Além disso, as teorias elaboradas por esses autores, diferentemente de grande parte das abordagens predominantes nos estudos organizacionais, têm uma perspectiva crítica que valoriza sobretudo o ser humano.

1 Abordagem clássica

Fundamentos históricos do pensamento administrativo

A prática administrativa existe, ainda que de forma um pouco diferente da que conhecemos hoje, desde o surgimento dos primeiros grupamentos humanos. Diversos autores já tentaram resgatar a história da administração no mundo, mas há pouco consenso sobre o período histórico exato em que essas práticas tiveram início. Contudo, é quase unânime entre os pesquisadores da área que as práticas administrativas são anteriores à Era Cristã.

O Império Romano, o Exército e a Igreja Católica são exemplos clássicos de organizações milenares nas quais eram desenvolvidas e executadas diversas práticas administrativas, fundadas nos preceitos de centralização, hierarquia, autoridade formal, especialização, unidade de comando, planejamento e controle, entre outros. Tais características administrativas podem ser encontradas ainda hoje, em maior ou menor grau, nas mais diversas organizações da sociedade.

Embora a prática administrativa seja muito antiga na história da humanidade, a administração como área sistematizada do conhecimento (pensamento administrativo) é muito mais recente, estando vinculada aos estudos de Frederick Winslow Taylor, Henri Fayol e, posteriormente, Henry Ford, no final do século XIX e início do XX. As bases que dão sustentação ao pensamento administrativo desses autores, porém, têm origem em diversas correntes teóricas e filosóficas, bem como em vários fatos históricos. O estudo da administração é um desdobramento da história das transformações sociais, políticas e econômicas ocorridas ao longo do tempo.

O pensamento administrativo surgiu como consequência do processo de modernização da sociedade, que ocorreu a partir do fim da Idade Média (Motta e Vasconcelos, 2002). Nesse período, a sociedade feudal deu lugar à sociedade industrial, a reboque do processo de consolidação do capitalismo, iniciado no século XV na Europa. O processo de modernização da sociedade consistiu na substituição das estruturas sociais baseadas na autoridade tradicional e carismática, predominantes na sociedade medieval, pela autoridade racional-legal e pela lógica de mercado (Weber, 2004), ou seja, deu-se a partir da consolidação das estruturas burocráticas como forma de dominação legítima e de organização social, o que viria a profissionalizar as relações de trabalho e a garantir a igualdade de todos perante as regras formais da organização.

Um importante marco histórico que influenciou o pensamento administrativo foi o Iluminismo, corrente de pensamento também chamada de Ilustração ou Esclarecimento, dominante no século XVIII na Europa, especialmente na França. Sua principal característica é creditar à razão a capacidade de explicar os fenômenos naturais, humanos e sociais, em substituição ao conhecimento baseado no mito ou na religião. Outro evento histórico importante que influenciou a prática e o pensamento administrativos contemporâneos foi a Revolução Industrial, iniciada no século XVIII na Inglaterra.

Entende-se por Revolução Industrial um conjunto de transformações profundas ocorridas na estrutura socioeconômica da Europa a partir de 1750,[1] quando se verificou a transição de um sistema feudal agrário para o sistema capitalista industrial, o que consolidou um novo período histórico, caracterizado pela ascensão de uma classe burguesa capitalista, baseada na igualdade entre os homens, na livre-iniciativa e na empresa privada, bem como pelas forças produtivas, pelas relações sociais de produção e por um novo formato de organização produtiva do trabalho: a fábrica. A partir daí, começou a se formar uma sociedade de produção e consumo de massa que

---

[1] Não se pode dissociar a Revolução Industrial das descobertas e do avanço da ciência ocorridos no Iluminismo.

viria a ganhar novo impulso com as transformações promovidas por Henry Ford em sua indústria no século XX, como veremos mais adiante.

Na nova sociedade industrial, os artesãos foram substituídos pelo operário especializado. As corporações de ofício,[2] regidas por estatuto (associações de profissionais que trabalhavam sob o regime de cooperativa) e prevalecentes por toda a Idade Média, desapareceram, em decorrência da expansão das fábricas e do novo sistema fabril de produção. A utilização das máquinas no sistema produtivo fabril possibilitou o aumento da produtividade e da eficiência no trabalho. O trabalhador, agora operário especializado, perdeu o controle sobre os meios de produção e distanciou-se do resultado final de seu trabalho (alienação) – diferentemente do que ocorria com o artesão. Além disso, o trabalho manual dissociou-se do trabalho intelectual; a máquina padronizou e rotinizou o trabalho, tornando-o repetitivo e simples em função de sua fragmentação; a utilização de máquinas no processo produtivo eliminou a necessidade da habilidade manual para a execução das tarefas e acelerou o ritmo do trabalhador; passou-se a enfatizar a eficiência e a produtividade como parâmetros de trabalho; surgiram novas classes e novas relações sociais – a burguesia capitalista industrial (dona do capital financeiro e industrial), que exerceu seu domínio sobre os meios de produção e sobre o trabalho humano e o proletariado (donos da força de trabalho), o que criou conflitos entre eles. As condições precárias de trabalho nas fábricas e nas empresas industriais provocaram diversos conflitos entre trabalhadores e patrões, bem como o surgimento de associações sindicais e de movimentos intelectuais que questionavam o sistema capitalista e a industrialização.

---

[2] Nas corporações de ofício o artesão detinha a propriedade dos meios de produção – era dono das ferramentas e das matérias-primas de que necessitava para a realização de seu trabalho –, sendo também responsável por sua concepção e execução, ou seja, possuía o domínio de seu trabalho e da produção. Nesse modelo de organização, o trabalho e o produto do trabalho humano não se tornam potência estranha a quem os produz – o trabalhador não está separado do produto final, o criador se vê na criatura, o sujeito se vê no objeto. Assim sendo, nas corporações de ofício, o trabalhador não sofre o que o filósofo alemão Karl Marx denomina alienação, ou seja, a perda do sentido do trabalho, da potência e, por extensão, de si próprio, visto que, para Marx, o homem constrói o sentido de si a partir do trabalho, por meio do qual cria, atribui e vê sentido na elaboração do mundo objetivo.

Nesse período (século XVIII), surgiu o liberalismo econômico, corrente de pensamento cujos principais fundamentos são o livre-mercado (*laissez-faire*) e a garantia, pelo Estado, do direito individual de livre-associação e da propriedade privada. Entre os principais expoentes do liberalismo econômico estão o economista inglês John Stuart Mill e o economista escocês Adam Smith. Em sua obra *A riqueza das nações*, Adam Smith argumenta que a divisão do trabalho e a especialização das tarefas são as fontes do aumento da produtividade, sendo esta a origem da riqueza das nações. Como exemplo, Smith (2003) cita uma fábrica de alfinetes, onde a divisão e a especialização levaram os operários a produzir 48 mil alfinetes em um único dia, número muito superior ao obtido pelo trabalho executado isoladamente. O autor defende ainda a prosperidade tanto dos patrões quanto dos empregados, pois, para ele, nenhuma sociedade pode prosperar e ser feliz se a maior parte de seus integrantes for pobre ou miserável. Tais pensamentos prenunciam os estudos de administração científica iniciados por Taylor no final do século XIX. Dentro da corrente do liberalismo clássico foram desenvolvidos princípios utilitaristas, evidenciados nos estudos de Jeremy Bentham, filósofo e jurista inglês. O autor concebe uma visão utilitário-hedonista do ser humano, segundo a qual o homem age racionalmente, visando à maximização dos ganhos individuais em suas ações, e com base em dois impulsos principais: a rejeição à dor e ao sofrimento e a busca incessante do prazer (Bentham, 1974).

Para Bentham (1974), ainda, toda atividade social que não proporcione prazer ou seja fonte de dor e sofrimento seria rejeitada pelo homem. Nessa perspectiva, o trabalho constituiria fonte de sofrimento para o homem e, por isso, ele o evitaria a todo custo.

Na perspectiva utilitarista, se, por um lado, o ser humano tem aversão ao trabalho, fonte de sofrimento, por outro, busca maximizar seus ganhos econômico-financeiros para que possa acumular riquezas materiais e alcançar o bem-estar e a felicidade. Dessa forma, o ser humano não se realizaria no trabalho, pois este seria apenas um meio doloroso, embora necessário, para o alcance da felicidade individual, promovida pela riqueza. Os princípios utilitaristas, como veremos mais adiante, guiaram o pensamento de Taylor na sua concepção do ser humano.

Igualmente importante para o pensamento administrativo foi o positivismo, corrente filosófica cujo principal expoente foi o filósofo francês Auguste Comte,[3] no século XIX, e que surgiu como reação ao racionalismo abstrato (ou idealismo). No racionalismo abstrato, os fenômenos são explicados abstratamente pela razão, com base em argumentos desenvolvidos e sustentados por encadeamentos lógicos, tal como na filosofia. Já para os positivistas, o conhecimento verdadeiro sobre os fenômenos naturais e sociais só pode ser alcançado por meio de avaliações científicas, devendo estas, por sua vez, estar rigorosamente embasadas em observações sistemáticas e experimentos, visando a descoberta das leis que os regem. A realidade só pode ser conhecida e acessada por meio de dados identificáveis a olho nu, ou seja, empiricamente. O positivismo, dessa forma, contribuiu significativamente para uma concepção materialista e científica do mundo, dando grande impulso ao processo de desenvolvimento do capitalismo industrial.

O positivismo teve grande aceitação na Europa e também em outros países, como o Brasil. No caso brasileiro, serviu de embasamento para vários movimentos ocorridos no século XIX, como a Proclamação da República, tendo como expressão máxima o emprego da frase "Ordem e Progresso" na bandeira nacional.[4] Foi fundamentado nesse ideal que, anos mais tarde, Getúlio Vargas – considerado por muitos historiadores como seguidor da doutrina filosófica positivista – conduziu seu mandato como governante do país. Formaram-se, assim, as bases teóricas, filosóficas e históricas que impulsionaram os estudos da administração científica e da administração clássica.

A abordagem clássica

A abordagem clássica da administração teve origem no crescimento acelerado e desorganizado das empresas, ocasionado pela Revolução In-

---

[3] Embora Auguste Comte seja considerado o principal expoente e fundador do positivismo, as raízes dessa corrente estão no empirismo, especialmente com Francis Bacon, Thomas Hobbes e David Hume.
[4] O positivismo teve grande influência na organização da sociedade republicana brasileira, enfatizando a ciência como instrumento fundamental para dirigir a vida social e opondo-se à fé e ao dogma religioso.

dustrial, o que tornou mais complexa a sua administração. O aumento vertiginoso do número de organizações industriais fez com que a concorrência ficasse mais acirrada, o que exigiu que as fábricas procurassem ter uma maior eficiência produtiva para competir com êxito no mercado. Nesse período, o aço substituiu o ferro como matéria-prima básica da indústria, o vapor deu lugar à eletricidade, e esta e o petróleo substituíram o carvão como fontes de energia. Aplicou-se à produção fabril uma maquinaria automática, houve um grande crescimento da produção, uma divisão extrema do trabalho e uma revolução nos meios de transporte e comunicação. Nesse contexto, surgiram os estudos dos engenheiros Frederick Winslow Taylor, nos EUA, no final da década de 1870, e de Henri Fayol, na França, em 1880.

Os estudos experimentais de Taylor na indústria, com o fim de aumentar a eficiência do trabalho por meio de sua racionalização na linha de produção, tiveram início em um período histórico de grandes transformações na economia e na sociedade norte-americanas. A expansão industrial dos EUA e a segunda fase da Revolução Industrial, a partir de 1860, trouxeram consigo a necessidade de reorganizar a gestão das fábricas a partir de métodos científicos que substituíssem a improvisação e o empirismo, tão comuns à época. A expansão das fábricas, a adoção de novas tecnologias e a grande concorrência no mercado tornaram imperativo o uso mais eficiente do equipamento produtivo, a fim de reduzir custos e aumentar o lucro.

Taylor, engenheiro mecânico nascido na Filadélfia, Pensilvânia, em 1856, em seu livro *Principles of scientific administration* descreve o principal problema que detectava na organização industrial e na sociedade como um todo: o desperdício. Para ele, as indústrias, em seu processo de produção, desperdiçavam muita matéria-prima, ou seja, utilizavam de forma ineficaz esses recursos. E maior ainda que o desperdício das coisas materiais, para Taylor, era o desperdício do esforço humano, uma vez que as tarefas costumavam ser executadas em atos mal coordenados, mal controlados e dirigidos, tendo, por isso, baixo rendimento. Para evitar tais desperdícios, ele propunha que fossem feitos estudos científicos.

Taylor iniciou seus estudos sobre o trabalho no processo produtivo quando ainda atuava na metalúrgica Midvale Steel Co., onde começou como operário em 1878 e tornou-se engenheiro-chefe poucos anos mais tarde. Em 1896 ingressou na poderosa empresa metalúrgica Bethlehem Steel Co., de Pittsburgh, onde deu continuidade a seus estudos. Até 1906 esteve ligado a empresas industriais e, a partir daí, dedicou-se à divulgação de seus métodos de trabalho e organização.

Na França, alguns anos mais tarde, mais precisamente em 1916, o engenheiro Henri Fayol, já nos últimos anos de vida, publicou o livro *Administration industrielle et générale*, no qual divulgou os princípios de administração, que se baseavam em sua experiência na corporação mineradora e metalúrgica francesa Compagnie Commentry Fourchambault, onde trabalhou durante toda a vida, iniciando como engenheiro de minas e aposentando-se como diretor-geral.

A administração científica

A principal preocupação de Taylor (1970:26) tinha a ver com a seguinte questão: como fazer os empregados serem os mais eficientes possíveis nas atividades que executam? Para o autor, a resposta estaria na aplicação de "princípios fundamentais da administração científica [...] a todas as espécies de atividades humanas", ou seja, em uma verdadeira administração científica, "regida por normas, princípios e leis claramente definidos". Mas tais princípios científicos universais de administração ainda não existiam, predominando naquele contexto a ideia de que para alguém ser um bom administrador era necessário ter nascido com essa qualidade inerente. Assim, uma vez encontrado esse indivíduo "ideal" para chefiar a indústria, "os métodos deviam ser a ele incondicionalmente confiados", o que significava que a boa administração decorria meramente do fator sorte. Como já mencionado, nessa época, as indústrias eram marcadas por um grande desperdício de recursos materiais devido à ineficiência do processo de trabalho como um todo. Para solucionar esses problemas, Taylor realizou diversas experiências na fábrica em que trabalhou – primeiramente como operário e, mais tarde, como chefe de oficina –, e que lhe permitiram elaborar sua teoria da administração científica.

Fundamentos da administração científica

Com relação ao principal objetivo da administração, Taylor (1970:29) afirma que este deve ser o de "assegurar o máximo de prosperidade ao patrão e, ao mesmo tempo, o máximo de prosperidade ao empregado", o que significa, na verdade, a maior lucratividade possível para a companhia e salários mais altos para os empregados. Este, aliás, é um elemento-chave para que se compreenda a teoria de Taylor, uma vez que, para ele, uma remuneração adequada, que abrangesse incentivos financeiros e um treinamento que habilitasse os operários a "desempenhar os tipos de trabalho mais elevados para os quais tivessem aptidões naturais", era o suficiente para garantir uma boa produtividade, ideia que confere ao comportamento humano um alto grau de previsibilidade.

Outra característica da administração científica bastante ressaltada por Taylor era a total identidade de interesses que deveria haver entre empregadores e empregados na organização, tendo eles completa unicidade: a prosperidade do empregado não pode ser atingida sem que ocorra a prosperidade do empregador e a prosperidade do empregador também não é possível sem que ocorra o mesmo com o empregado. O termo "prosperidade", na visão de Taylor, significava altos salários para o empregado e baixos custos de produção para o empregador. Para que o empregado pudesse obter o que Taylor (1970:30) chamou de "prosperidade máxima", era necessário que atingisse "o mais alto grau de eficiência", ou seja, que "diariamente consegu[isse] o máximo de rendimento". Chegar a esse máximo grau de eficiência, por sua vez, deveria ser o principal objetivo tanto do trabalhador quanto da administração, devendo ambas as partes se preocupar com "a formação e o aperfeiçoamento do pessoal da empresa, de modo que os homens [pudessem] executar em ritmo mais rápido e com maior eficiência os tipos mais elevados de trabalho, de acordo com suas aptidões naturais". O "adestramento" do operário, portanto, é um elemento central na teoria da administração científica, pois permite ao empregado alcançar a máxima eficiência, levando consequentemente trabalhadores e chefes ao máximo de prosperidade. Nas palavras de Taylor (1970:31), "o máximo de prosperidade somente pode existir como resultado do máximo de produção".

Um elemento importante no pensamento de Taylor era a ideia de que o adestramento do operário, utilizando-se os métodos científicos por ele desenvolvidos, resolveria um grave problema: a vadiagem dos operários no trabalho. Para ele, um dos principais problemas existentes naquela época era o fato de que o empregado procurava fazer menos do que era capaz, ou seja, empenhava-se minimamente na realização de suas tarefas, algo que descreveu como uma tendência natural do indivíduo comum. Segundo Taylor (1970:34), isso se devia a alguns fatores distintos, entre os quais a utilização de "métodos empíricos ineficientes, geralmente [empregados] em todas as empresas, com os quais o operário desperdiça grande parte de seu esforço". Taylor ainda aponta como outra causa relacionada à tendência do pouco empenho dos operários no trabalho a ignorância dos padrões quanto aos tempos corretos de execução das diversas tarefas nos sistemas de administração, algo crucial no pensamento taylorista. Como causa do problema, Taylor (1970:39) aponta:

> A indolência natural e a vadiagem premeditada podem ser eliminadas com melhor compreensão do dia de trabalho comum, registrando-se o maior rendimento obtido pelo trabalhador e sua eficiência, elevando os salários individuais à medida que o operário se aperfeiçoe, dispensando-os quando não atingirem certo nível e fazendo nova admissão de trabalhadores cuidadosamente selecionados, para preencher os lugares vagos.

Como já mencionado, uma das principais críticas de Taylor aos antigos sistemas de administração (cujas características ainda se faziam presentes em sua época) estava relacionada ao fato de estes não estarem fundamentados em métodos científicos, o que significava que cada operário executava isoladamente suas tarefas da forma que achasse melhor e praticamente sem a orientação de sua chefia. A substituição desses antigos métodos empíricos pelos novos métodos científicos seria essencial para alcançar a máxima eficiência possível por parte dos empregados. Dessa forma, o objetivo era produzir a maior quantidade possível de produtos num mínimo de tempo, eliminando movimentos desnecessários e substituindo os movimentos lentos por movimentos rápidos e adequados ao trabalho executado, o que ficou conhecido como "estudo de tempos e movimentos".

Mas para que o trabalho pudesse ser fundamentado nessas leis científicas, afirmava Taylor (1970:41), era crucial que houvesse uma maior divisão de responsabilidades entre a gerência e os trabalhadores, algo não pensado até então. Assim, "aqueles, na administração, cujo dever é incrementar essa ciência, devem também orientar e auxiliar o operário sob sua chefia e chamar a si maior soma de responsabilidades", sendo papel da administração o planejamento de todos os aspectos relacionados ao trabalho e, ainda, a instrução e a orientação dos trabalhadores.

Principais características da administração científica

Além das ideias que fundamentam a administração científica, devemos analisar as principais características ou aspectos desse novo sistema de administração, também denominado *organização racional do trabalho* (ORT), justamente pelo fato de este substituir o antigo sistema baseado em métodos utilizados a partir do critério pessoal de cada empregado por outros métodos decorrentes de uma análise minuciosa e científica das características relacionadas ao trabalho. Tais características são: substituição da administração por iniciativa e incentivo pela administração científica, estudo da Lei da Fadiga, seleção do homem ideal, elevação de salários, padronização de instrumentos, estudo de tempos e movimentos, planejamento do trabalho e supervisão dos trabalhadores.

Substituição da administração por "iniciativa e incentivo" pela administração científica

O sistema de administração por iniciativa e incentivo, amplamente aplicado no contexto em que Taylor desenvolveu sua teoria, tinha como função "induzir o trabalhador a usar atividade, o melhor esforço, os conhecimentos tradicionais, a habilidade, a inteligência e a boa vontade – em uma outra palavra – sua iniciativa, no sentido de dar o maior rendimento possível ao patrão". Nesse sistema, previa-se ainda a adoção de fatores que estimulariam os trabalhadores a dar toda a sua iniciativa ao patrão, como "remuneração por peças, plano de prêmios ou de gratificações" (Taylor, 1970:47).

Em resumo, o empregador deveria tentar obter toda a iniciativa do empregado e, para tanto, este teria que ser estimulado por esquemas particulares de pagamentos. Taylor, porém, critica esse sistema de administração ao afirmar que o empregado dificilmente entrega toda a sua iniciativa ao patrão e, portanto, o administrador não deveria esperar obtê-la de modo completo, mesmo proporcionando ao empregado todos aqueles incentivos já descritos. Isso aconteceria porque o empregado acredita que despender todo o seu esforço para produzir o máximo possível contraria seus interesses e, por isso, trabalha o mais devagar que pode ao mesmo tempo que finge trabalhar depressa. A solução para esse problema, segundo Taylor, seria substituir esse antigo sistema de administração pelo novo sistema de administração científica, que proporcionaria outros incentivos relacionados não só a promessas de rápida promoção ou aumento de salário (remuneração por peça produzida, gratificações etc.), mas também a melhorias nas condições do ambiente de trabalho, menos horas de trabalho e, especialmente, um tratamento cordial dos empregados por parte da administração, fruto de uma genuína preocupação com o seu bem-estar. Assim, nessas novas condições, seria possível obter toda a iniciativa do subordinado.

Estudo da Lei da Fadiga

A Lei da Fadiga refere-se ao estudo que visa descobrir qual a maior quantidade de trabalho que uma pessoa pode realizar ao longo de anos seguidos sem que seja prejudicada por isso. No caso daqueles tipos de trabalho considerados "penosos", ou seja, que requerem grande esforço físico do trabalhador (como o carregamento de barras de ferro), é necessário que este tenha intervalos frequentes de descanso em que seus braços fiquem completamente livres de qualquer tipo de carga, até que seu organismo esteja preparado para retornar ao trabalho. Assim, quanto maior for o peso que um trabalhador tiver que carregar em seu trabalho, menor o período em que suportará transportar tal carga e maior o tempo em que deverá descansar. Por outro lado, à medida que a carga que o trabalhador deve transportar se torna mais leve, menor o período de descanso e maior o de condução de tal peso.

A seleção do homem ideal

Taylor afirma que um dos princípios da administração científica é encontrar os homens mais adequados aos tipos de trabalho que exigem esforço físico. Em outras palavras, é dever do novo sistema de administração encontrar as pessoas ideais para tais tarefas e selecioná-las. Após a seleção criteriosa dos trabalhadores, cabe à administração treiná-los cientificamente a fim de que eles alcancem o máximo de eficiência na execução das tarefas. Sendo assim, a seleção científica do homem ideal e seu treinamento deveriam substituir o empirismo predominante até então. É interessante notar que diversos princípios formulados por Taylor foram influenciados pela observação do trabalho executado por um dos operários que ele treinou intensamente em sua fábrica e que, com o passar do tempo, se tornou extremamente eficiente no trabalho de carregar barras de ferro, ou seja, passou a ser um operário-padrão (Motta e Vasconcelos, 2002).

Elevação de salários

Com relação aos salários pagos pelas empresas, Taylor acreditava ser importante que os empregados que trabalhassem com maior rapidez recebessem pagamentos mais elevados. Na verdade, a ideia era que a administração garantisse, permanentemente, aumentos percentuais de salários a seus empregados, o que exerceria um efeito direto sobre a velocidade do trabalho por eles executado. Dessa forma, "isso implica[ria] não somente determinar para cada um a tarefa diária, mas também pagar uma boa gratificação ou prêmio todas as vezes que [o empregado] consegui[sse] fazer toda a tarefa no tempo fixado" (Taylor, 1970:111).

Portanto, apesar de Taylor criticar o sistema de administração vigente em sua época por esta considerar que esquemas especiais de pagamentos (como remuneração por peças, gratificações etc.) eram suficientes para estimular o trabalhador, essa ideia também era, sem dúvida, um dos pontos centrais da própria abordagem da administração científica. Isso porque o comportamento humano era percebido, na época, como simples e previsível, sendo as pessoas egoístas e interesseiras em suas motivações. Assim, bastaria oferecer um incentivo financeiro razoável aos trabalhadores para garantir, naturalmente, uma boa produtividade. Caso a produtividade obtida não fosse a esperada, os administradores provavelmente apontariam o planejamento das atividades e a estrutura organizacional como as causas para tal, e não possíveis erros cometidos pelos indivíduos ou elementos de caráter emotivo e/ou irracional (Motta e Vasconcelos, 2002). Esse modelo de natureza humana recebeu o nome de *homo economicus* e influenciou não só os trabalhos desenvolvidos pelos teóricos clássicos da administração, como toda a sociedade da época. As principais características do conceito de *homo economicus*, conforme Motta e Vasconcelos (2002:36), são:

❏ ser humano considerado previsível e controlável, egoísta e utilitarista em seus propósitos;
❏ ser humano visto como otimizando suas ações após pesar todas as alternativas possíveis;
❏ racionalidade absoluta;
❏ incentivos monetários.

Padronização de instrumentos

As ferramentas utilizadas durante a execução do trabalho devem ser padronizadas, uma vez que isso permite, segundo Taylor, aumentar a velocidade no trabalho. Caso exista a necessidade de modificar um ou alguns dos instrumentos, tal modificação deve ser cuidadosamente estudada pela administração científica, assim como o tempo que os empregados gastarão para executar a tarefa utilizando o novo instrumento.

Estudo de tempos e movimentos

O estudo do tempo gasto na execução das diferentes operações que compõem um determinado trabalho, bem como dos movimentos que cada trabalhador emprega para a sua realização, consiste em um dos principais aspectos da teoria desenvolvida por Taylor. Estudar os tempos e movimentos no trabalho era importante porque isso permitiria eliminar movimentos desnecessários feitos pelos trabalhadores e, em consequência, reduzir o tempo gasto na realização das diversas fases do trabalho, garantindo, assim, a máxima eficiência. Para tanto, seria necessária nas indústrias a presença de diversos especialistas em tempo, que, utilizando cronômetros e folhas de registro, teriam a competência para desenvolver os conhecimentos nessa área. De acordo com Taylor (1970:107), as principais providências no estudo de tempos e movimentos são:

- encontrar [...] de 10 a 15 trabalhadores (preferencialmente de várias empresas e de diferentes regiões do país) particularmente hábeis na execução do trabalho a ser analisado;
- estudar o ciclo exato das operações elementares ou movimentos que cada um desses indivíduos efetua ao executar o trabalho investigado, assim como os instrumentos usados;
- determinar, com o cronômetro de parada automática, o tempo exigido para cada um desses movimentos elementares e então escolher os meios mais rápidos de realizar as fases do trabalho;
- eliminar todos os movimentos falhos, lentos e inúteis;
- depois de excluir todos os movimentos desnecessários, reunir em um ciclo os movimentos melhores e mais rápidos, assim como os melhores instrumentos.

Planejamento do trabalho

Como já mencionado, é necessário que a administração especifique detalhadamente como realizar as diversas atividades da melhor maneira possível. Segundo Taylor, todas as instruções relativas a um determinado trabalho (como o corte de metais) deveriam ser escritas em fichas de instrução ou folhas. O planejamento do trabalho evitaria desvios durante a execução da tarefa.

Supervisão dos trabalhadores

Um dos problemas observados por Taylor nos sistemas vigentes de administração era que muitas vezes os operários acabavam abandonados à própria sorte pela administração, dando, por isso, pouca importância às instruções que deviam seguir. Por essa razão, o inventor da administração científica afirmou ser extremamente importante haver homens responsáveis pela supervisão dos trabalhadores, ajudando-os e orientando-os em todos os aspectos do trabalho. Esses instrutores, por sua vez, não apenas deveriam ser capazes de dizer ao trabalhador o que fazer, mas também de executar o trabalho na frente dele, caso necessário.

Tomando por base as ideias expostas, podemos agora listar os princípios de administração científica formulados por Taylor (1970:41) e que resumem as características acima arroladas. São eles:

- substituição do critério individual do operário por uma ciência;
- seleção e aperfeiçoamento científico do trabalhador, que é estudado, instruído, treinado e, pode-se dizer, experimentado, em vez de escolher os processos e aperfeiçoar-se ao acaso;
- cooperação íntima da administração com os trabalhadores, de modo que façam juntos o trabalho, de acordo com as leis científicas desenvolvidas, em vez de deixar a solução de cada problema, individualmente, ao critério do operário.

Por último, cabe registrar que Taylor contou com alguns colaboradores que o ajudaram a formular sua teoria da administração científica, sendo vários deles citados em sua obra. Outros autores, apesar de não terem colaborado diretamente com Taylor, influenciaram também sobremaneira o movimento da administração científica.

Autores que contribuíram para a teoria da administração científica

Frank Gilbreth e Lilian Gilbreth

Frank Gilbreth foi um engenheiro norte-americano que influenciou bastante o movimento da administração científica, especialmente por ter sido um dos pioneiros no estudo de tempos e movimentos, sendo bastante citado ao longo da obra de Taylor. Sua análise sobre as diferentes fases do trabalho dos pedreiros ao assentarem tijolos tornou-se bastante conhecida. Gilbreth, em seu estudo, observou que os pedreiros, para construir uma parede, tinham de se agachar diversas vezes para apanhar os tijolos e a argamassa, e logo depois se levantar. Para tentar solucionar o problema, Gilbreth analisou qual seria a melhor altura para colocar tanto a pilha de tijolos quanto o balde de argamassa, de modo que os operários não precisassem se agachar tanto e aumentassem sua produtividade. Elevando o material, por meio de um andaime, a uma altura cômoda para os pedreiros, a produtividade destes aumentou consideravelmente. Já Lilian Gilbreth, esposa de Frank, foi uma das precursoras da área de psicologia aplicada ao trabalho, preocupando-se com o bem-estar dos trabalhadores e com as condições do ambiente de trabalho, o que foi muito importante, pois poucos estudiosos se preocupavam com isso à época (Motta e Vasconcelos, 2002).

Henry Gantt

Henry Gantt, engenheiro industrial norte-americano, foi um dos grandes colaboradores de Taylor, tendo trabalhado como seu assistente na Midvale Steel Company. Gantt tornou-se conhecido especialmente pela invenção do gráfico de controle dos fluxos de produção, posteriormente chamado de Gráfico de Gantt. Ainda conforme Motta e Vasconcelos (2002), Gantt, em suas análises, diferenciou-se por vezes de Taylor quanto aos problemas da administração, reconhecendo a existência de aspectos de natureza psicológica dos trabalhadores e também a importância de incentivos não monetários para estimular o aumento da produtividade.

Harrington Emerson

A principal contribuição de Harrington Emerson, engenheiro industrial norte-americano, foi ter divulgado os princípios da administração científica para um grande número de pessoas, tendo popularizado o movimento.

Emerson, em uma de suas principais obras – *Twelve principles of efficiency* –, formulou diversos princípios que considerava importantes para que as indústrias conseguissem aumentar sua produtividade, entre os quais podem-se destacar a importância da padronização das condições de trabalho e o estabelecimento de um plano de elevação dos salários dos empregados proporcional ao seu aumento de eficiência e produtividade.

Henry Ford e o fordismo

Por último, é preciso registrar outro grande nome que contribuiu para a consolidação do movimento da administração científica: Henry Ford (1863-1947), norte-americano, fundador da fábrica de automóveis Ford Motor Company e inventor da linha de montagem, tendo sido responsável pela consolidação da indústria automobilística.

O automóvel, à época de Ford, era um item bastante caro, cuja produção era praticamente artesanal; os operários produziam um item de cada vez e apenas os considerados ricos podiam adquiri-lo. Além disso, os carros regularmente apresentavam problemas e eram difíceis de dirigir.

A primeira empresa criada por Ford, em 1899 – a Detroit Automobile Company –, encerrou suas atividades pouco tempo depois, devido a conflitos entre Ford e outros diretores. Em 1903, Ford fundou a Ford Motor Company e, em 1908, lançou um modelo de carro simples de dirigir, barato e direcionado a pessoas de baixo poder aquisitivo denominado Modelo T. Apenas nos 12 primeiros meses, Ford conseguiu vender 10 mil unidades do produto.

A invenção da linha de montagem por Ford foi responsável por uma revolução na indústria de automóveis, uma vez que permitiu a disposição das várias etapas da fabricação de um automóvel ao longo de uma esteira rolante, sem a necessidade de interromper o processo de produção. Além disso, a linha de montagem permitiu uma redução ainda maior dos movimentos considerados inúteis no processo de fabricação, já que os trabalhadores permaneciam parados em seus postos de trabalho à espera das peças (Motta e Vasconcelos, 2002). O Modelo T era ainda extremamente padronizado do início ao fim: desde as peças e materiais utilizados, que deviam ser idênticos, até a própria cor do automóvel, o preto. Com isso, tornou-se possível fabricar um produto de baixo custo e os clientes puderam adquirir seu carro por um preço muito mais barato.

A linha de montagem, ao mesmo tempo que propiciou uma profunda mudança não só na indústria automobilística, mas também na própria sociedade da época (que passou a ter acesso a um carro), foi responsável também pela maior mecanização do processo de trabalho, uma vez que os operários deviam seguir à risca o ritmo da linha de montagem, o que foi alvo de críticas na época. Já em 1920, outros fabricantes passaram a concorrer com a Ford e o Modelo T criado por Ford perdeu força, sendo alterado algum tempo depois.

A experiência da Fiat na Europa

Enquanto o fordismo exerceu, nos EUA, um papel crucial na consolidação, desenvolvimento e popularização da indústria automobilística, na Europa, a Fabrica Italiana Automobili Torino – a Fiat – desempenhou papel de igual importância, especialmente na Itália, onde surgiu.

A primeira fábrica da Fiat foi aberta em 1899, tendo como um de seus principais diretores Giovanni Agnelli, um empresário italiano que se tornou presidente da empresa oito anos mais tarde. Sob sua responsabilidade, membros da direção da empresa realizaram inúmeras viagens aos Estados Unidos com o intuito de reunir informações sobre as inovações tecnológicas relacionadas à produção de automóveis implementadas naquele país e sobre a organização científica do trabalho idealizada por Taylor. Após duas visitas a fábricas da Ford, em 1906 e 1912, Agnelli decidiu reduzir o número de modelos de automóvel oferecidos pela Fiat e concentrar-se no aumento da quantidade de carros produzidos pela empresa, já que isso traria como resultado a diminuição do preço dos veículos e, consequentemente, o aumento do número de compradores potenciais.

Como resultado, entre 1912 e 1915, a Fiat lançou seu primeiro modelo de automóvel produzido em série – o Fiat Zero –, tendo sido fabricadas aproximadamente 2 mil unidades. Com a popularização da empresa na Europa, em 1920 a Fiat inaugurou sua nova fábrica, a Lingotto, com o intuito de padronizar todo o processo de produção, exatamente de acordo com os princípios tayloristas e utilizando a linha de montagem. Após sucessivos lançamentos de alguns modelos básicos de carro a preços mais acessíveis ao público (como o modelo 509), a Fiat lançou, em 1936, o Topolino, um carro pequeno, com lugar para duas pessoas, e que fez bastante sucesso tanto na Itália quanto no restante da Europa.

Um aspecto importante relacionado à Fiat foi o fato de a empresa lançar mão de mecanismos de controle de empregados que iam além daqueles utilizados pela Ford. Enquanto esta concedia incentivos de caráter econômico-financeiro a seus empregados para que eles aumentassem sua produtividade no trabalho, a Fiat passou a exercer controle, inclusive, sobre as atividades sociais dos seus funcionários, ou seja, sobre atividades não relacionadas ao trabalho que exercem. A empresa criou organizações para oferecer diversos tipos de serviços a seus empregados, como clubes esportivos, serviços de assistência à saúde e escolas para seus filhos.

Teoria clássica da administração

Enquanto a administração científica busca a eficiência organizacional tendo como foco a tarefa, os tempos e movimentos, e partindo da oficina para cima, a teoria clássica da administração pautava sua análise pela compreensão das empresas como um todo, do conselho de administração, ou seja, a partir do desenho de uma estrutura organizacional eficiente.

Os autores da teoria clássica tinham uma visão determinista de que a eficiência empresarial está condicionada a sua estrutura material e pessoal e à capacidade de seus gerentes em aplicar os elementos e princípios da administração.

Essa teoria fundamentou-se nos trabalhos do engenheiro Henri Fayol, que ocupou os mais altos postos de direção na indústria de mineração francesa e desempenhou importantes funções, como: administrador delegado da Sociedade de Minas de Joudreville, presidente da Comissão Diretora de Sociedade Metalúrgica de Pont-à-Vendin, membro da Comissão Central de Hulha da França, membro da Comissão de Aperfeiçoamento do Conservatório Nacional de Artes e Ofícios e membro da Junta Consultiva de Estradas de Ferro.

Fayol delimitou as funções de uma empresa em seis tipos: técnica, comercial, financeira, de segurança, contábil e administrativa, denominando-os funções essenciais, com as seguintes atribuições:

- *Função técnica.* Produção, manufatura e transformação de produtos de qualquer natureza (material, intelectual e moral).
- *Função comercial.* Compras, vendas e permutas.
- *Função financeira.* Procura e administração de capitais.
- *Função de segurança.* Proteção dos bens materiais e humanos da empresa.
- *Função contábil.* Avaliação da situação econômica da empresa, registro, inventário, balanços, avaliação de custo, estatísticas etc.
- *Função administrativa.* Previsão, organização, direção, coordenação e controle.

Fayol acreditava que as funções organizacionais eram interdependentes, sendo a função administrativa a mais importante de todas. Entretanto, a realização de tarefas tais como a formulação de um programa de ação empresarial, a coordenação e a harmonização dos esforços dos membros organizacionais e a constituição de um corpo de funcionários não eram práticas comuns na época do autor, uma vez que os estudos sobre tais assuntos eram escassos. Sendo assim, Fayol dividiu seu trabalho em duas partes: a necessidade do estudo da administração e a definição da função administrativa.

A necessidade do estudo de administração

"Como engenheiro, Fayol acostumou-se a trabalhar baseado em princípios e técnicas. Ele levou este hábito de trabalho para o seu cargo de gerente e depois para o de diretor, formulando um conjunto de 'princípios de administração geral'" (Lodi, 1971:45). Definidas as funções essenciais, Fayol passou a avaliar a importância relativa das capacidades – administrativas, técnicas, comerciais, financeiras, de segurança e contábeis – que cada funcionário deveria ter em relação às posições hierárquicas. Além disso, também comparou as capacidades necessárias aos chefes de empresas com magnitudes variadas, inferindo que a importância da capacidade administrativa aumenta à medida que o nível hierárquico dos funcionários se eleva dentro das empresas e, nos cargos de chefia, à medida que aumenta o porte das empresas.

Como a administração estava em tudo e seu conhecimento beneficiava a todos, era de se esperar que fosse ensinada nas escolas e universidades, mas tal não acontecia – a administração não era privilegiada no sistema de ensino. Fayol entendeu que a verdadeira razão da falta de um ensino administrativo era a inexistência de uma doutrina consagrada, surgida da discussão pública. Por isso, passou a sistematizar a função administrativa com seus processos (etapas) e princípios.

Definição da função administrativa

Fayol entendia que a função administrativa não se restringia ao mundo empresarial; era uma atividade comum a todos os empreendimentos humanos. Segundo ele, os empreendimentos deviam ser geridos por meio de um processo administrativo composto de cinco etapas (elementos): previsão, organização, comando, coordenação e controle.

De acordo com Fayol, como a administração tem maior expressão nas altas chefias, tende-se a crer que somente elas executam a função administrativa. É preciso entender que a administração é uma função que partilha as atividades com as outras funções essenciais, em todos os níveis das empresas. Não se deve confundi-la com direção-geral, que é conduzir a empresa tendo em vista um determinado fim, de forma a obter a maior vantagem de todos os recursos de que a empresa dispõe.

Elementos de administração

Previsão

A previsão possibilita antever os possíveis cenários, limitando a ocorrência de "imprevistos" e as possibilidades de insucesso. Ao destacar que prever é agir, Fayol indica que esse elemento é a ação que caracteriza o início das atividades administrativas.

Fayol destaca o programa de ação como o instrumento mais eficaz para definir as diversas formas e variedades da previsão. Sua preparação é uma das operações mais importantes e difíceis, abrangendo todos os serviços e funções da empresa. O programa de ação fundamenta-se em todos os recursos da empresa (humanos e materiais), nos tipos e na importância das operações em andamento e na definição de cenários futuros.

Como os programas devem atender às necessidades específicas de cada empresa, Fayol destaca que a qualidade dos programas está condicionada a quem os desenvolve. Segundo o autor, os dirigentes devem ter as seguintes qualidades e condições: a arte de dirigir os homens, muita atividade, certa coragem moral, grande estabilidade, alguma competência na especialidade profissional da empresa e certa experiência geral de negócios. "Há o instrumento e o artista", ressalta Fayol (1965:74).

Se, por um lado, é importante o valor do "artista", por outro, certas características dos programas de ação, como unidade, continuidade, flexibilidade e precisão, permitem uma expectativa favorável.

Organização

"Organizar uma empresa é dotá-la de tudo que é útil ao seu funcionamento: matérias-primas, utensílios, capitais, pessoal" (Fayol, 1965:76). A organização pode ser dividida em duas categorias: a estrutura material e a estrutura social (pessoal), limitando-se o autor a tratar da segunda.

Fayol aborda a missão administrativa do corpo social, que, em resumo, é a execução de toda a função administrativa; define as condições necessárias para que os órgãos do corpo social e os indivíduos que os compõem sejam bem constituídos; salienta a importância do valor individual, discorrendo sobre as características que os chefes das grandes empresas devem ter; e finaliza tratando do recrutamento e da formação nas empresas.

Vê-se, pois, que "Fayol sempre considera a organização como algo maior que a técnica de estruturação dos órgãos, a normatização de seu funcionamento e a dotação de recursos materiais e pessoais. Ele entendia que organizar consistia na adaptação da organização às necessidades do caso, encontrando pessoas e colocando-as no lugar onde seriam mais úteis"

(Wahrlich, 1971:10), ou seja, consistia em saber utilizar as capacidades administrativas e conduzir a empresa para a realização de sua finalidade.

Comando

Comandar é dirigir os empregados de maneira a obter o melhor desempenho possível para atingir os objetivos de seu setor. Da mesma forma que acontece com a capacidade administrativa, a importância do comando aumenta à medida que se eleva o nível hierárquico das empresas. "Constituído o corpo social, é preciso fazê-lo funcionar: eis a missão do comando" (Fayol, 1965:133). A arte de comandar repousa no conhecimento dos princípios gerais de administração e em certas qualidades pessoais. Quanto às qualidades, Fayol destacou que os seguintes preceitos facilitam o comando:

- conhecer profundamente seu pessoal;
- eliminar os incapazes;
- conhecer perfeitamente os convênios entre a empresa e seus empregados;
- ser e dar o bom exemplo;
- inspecionar periodicamente o corpo social da empresa;
- reunir-se com os principais colaboradores para manter a unidade de direção e a convergência de esforços;
- não se deixar envolver por minúcias;
- desenvolver o espírito de atividade, a iniciativa e a abnegação entre o pessoal da empresa.

O grande mérito de Fayol foi tratar com clareza os aspectos fundamentais e reconhecer a necessidade e a importância do comando nas organizações, balizando os preceitos profissionais que permitem a melhora dessa arte.

Coordenação

Para Fayol (1965), coordenar é harmonizar todos os atos de uma empresa, a fim de que ela funcione facilmente e obtenha sucesso nas suas operações;

enfim, é adaptar os meios ao fim, dar às coisas e aos atos as proporções adequadas.

Pautando sua visão prática de administração, Fayol alerta que uma boa coordenação exige uma direção inteligente, experimentada e ativa, e sugere que sejam observadas algumas evidências para verificar se uma empresa está bem coordenada:

- Cada serviço caminha de acordo com os outros: os serviços de abastecimento, produção, conservação, financeiro e de segurança sabem o que devem prover e em que momento.
- Em cada serviço, cada setor é informado sobre sua parte no todo e sobre o que deve fazer.
- O programa de ação de cada serviço e das divisões é mantido em harmonia com as circunstâncias.

A necessidade de coordenação fica mais evidente nas organizações grandes, onde o número de funcionários e a divisão do trabalho dificultam a manutenção da unidade de ação de acordo com o planejado. Para assegurar a unidade de direção e a convergência de esforços, Fayol sugere a prática da conferência semanal dos chefes de serviço.

Controle

Controlar é verificar se tudo está de acordo com o planejado, a fim de apontar erros para corrigi-los e evitar que continuem acontecendo. Deve-se aplicar a todas as pessoas, coisas e atos da empresa.

O controle serve ainda para garantir que as funções e os funcionários de uma empresa trabalham de maneira coordenada e conforme o previsto. O controle fornece subsídios para analisar os demais elementos administrativos – previsão, organização, comando e coordenação.

Para ser eficaz, o controle deve ser oportuno e vir acompanhado de sanções. Outro ponto importante é o cuidado que se deve ter para que este não seja empregado de forma deturpada, sendo para tanto necessário que os limites do controle sejam claramente definidos e que a autoridade superior supervisione o seu uso.

Após estabelecer os cuidados necessários com o controle, Fayol afirma que um bom controlador precisa ser competente e imparcial, devendo a imparcialidade ser definida pela consciência reta e pela total independência entre o controlador e o controlado.

A teoria de Fayol, apesar de ter sido desenvolvida com base na experiência que o autor acumulou como membro de uma indústria mineradora, é extremamente relevante por ser aplicada até hoje de inúmeras formas e em diferentes tipos de organizações.

Princípios de administração

Para executar os elementos da administração o gerente deve considerar certos *princípios de administração* – os instrumentos que Fayol julgava importantes e necessários para o bom funcionamento e o fortalecimento do corpo social das empresas. Fayol não empregou palavras como "leis" e "regras" para evitar qualquer conotação de rigidez na utilização desses conceitos.

Tais princípios de administração devem ser vistos como a direção a ser tomada e não como o caminho a ser percorrido. Fayol afirma que esses princípios devem ser usados de forma maleável e ajustados a cada situação, pois nada em administração é absoluto, tudo é questão de *medida*, sendo uma das principais qualidades do administrador a exata avaliação de como adotá-los.

Em Silva (1987), que considera atuais os princípios de Fayol, estes são descritos na ordem apresentada por Fayol, com suas respectivas definições. São eles:

- *Divisão do trabalho.* A divisão do trabalho tem por finalidade produzir mais e melhor com o mesmo esforço. Esse raciocínio foi desenvolvido a partir tanto da observação de que os empregados executam suas tarefas mais facilmente e com maior precisão à medida que as repetem, quanto da observação da natureza, na qual quanto mais perfeito o ser, maior a quantidade de órgãos encarregados de funções diferentes.
- *Autoridade e responsabilidade.* A autoridade "consiste no direito de mandar e se fazer obedecer" (Fayol, 1965:31). Fayol distingue a autoridade

estatutária da pessoal e ressalta que toda autoridade redunda em uma responsabilidade específica. Outro ponto a se destacar desse princípio é que o exercício da autoridade está associado à necessidade de aplicar sanções quando os empregados não cumprem com as suas responsabilidades. A aplicação de sanções é uma das condições essenciais para uma boa administração, já que está diretamente relacionada ao sentimento de justiça entre os funcionários.

- *Disciplina.* Consiste na obediência às convenções estabelecidas entre a empresa e seus funcionários. Além dos sinais exteriores com que se manifesta o respeito, tem como objetivo as convenções que visam a obediência, a assiduidade e a atividade em si.
- *Unidade de comando.* "Para a execução de um ato qualquer, um agente deve receber ordens somente de um chefe" (Fayol, 1965:35). O autor acreditava que a dualidade de comando traz conflitos que afetam a autoridade, a ordem e a estabilidade do ambiente organizacional.
- *Unidade de direção.* São as ações de um único chefe para levar a termo um único programa, com o fito de ter uma perfeita unidade de ações, coordenação de forças e convergência de esforços na administração. Fayol diferenciava a unidade de comando (um funcionário só recebe ordens de um único chefe) da unidade de direção, na qual todos os recursos da empresa são planejados em um programa para serem levados a cabo por um chefe.
- *Subordinação do interesse particular ao interesse geral.* Apesar da obviedade desse princípio, este é ressaltado por Fayol em função de sua experiência demonstrar que a ignorância, a ambição, a indiferença, as fraquezas e todas as paixões humanas levam as pessoas a subordinar os interesses comunitários aos individuais, o que é prejudicial à empresa.
- *Remuneração do pessoal.* Esse princípio exerce grande influência nos negócios e depende de fatores como o valor do funcionário e o modo de retribuição adotado pela empresa. Entre os modos de retribuição estão: pagamento por dia, pagamento por tarefa e pagamento por peça. Além dessas maneiras de retribuição, pode-se agregar valor à remuneração dos funcionários por meio de prêmios, participação nos lucros e salários

indiretos diversos. Em suma, existem diversas formas de remunerar os funcionários e todas elas contribuem para o seu desempenho.
- *Centralização.* O princípio da centralização não é bom nem mau para a empresa. É uma questão de medida em relação ao seu oposto – a descentralização. Fayol destacava que encontrar a "medida" que propicie o melhor rendimento era o problema dos gerentes em relação ao binômio centralização/descentralização.
- *Hierarquia.* São os diversos níveis da empresa. A hierarquia é consequência da unidade de comando e da necessidade de uma comunicação segura. Assim sendo, quando mal utilizada pode limitar a velocidade da comunicação dentro da empresa.
- *Ordem.* Do conceito de ordem material – ou seja, um lugar para cada coisa e uma coisa em cada lugar – derivou o de ordem social: "um lugar para cada pessoa e uma pessoa em cada lugar" (Fayol, 1965:51). É preciso compreender que o objetivo da ordem é dispor as coisas de maneira a facilitar as operações. Não basta organizar os objetos em determinado lugar, é preciso saber em que lugar organizá-los. Da mesma forma, o planejamento da ordem social não se restringe a definir um lugar que atenda ao funcionário, mas também a adequação do funcionário ao lugar. A ordem exige do administrador uma boa capacidade de organização e de recrutamento, para colocar o homem certo no lugar certo.
- *Equidade.* Esse princípio é entendido como o cumprimento das convenções estabelecidas. Mas, como não é possível estabelecer regras para todas as situações, é necessário que o administrador analise cada uma delas dentro do contexto social existente, tratando com benevolência seu pessoal.
- *Estabilidade de pessoal.* Partindo-se de um bom recrutamento, a tendência é que o funcionário renda melhor quanto maior for o tempo em que estiver exercendo a função.
- *Iniciativa.* Representa um grande diferencial para as empresas e tem por elementos a concepção e a execução de um plano qualquer. É necessário desenvolver e encorajar nos funcionários essa faculdade, sem ferir os limites impostos pelo respeito à autoridade e à disciplina.
- *União do pessoal.* O administrador deve saber estabelecer e manter a harmonia e a união do pessoal de sua empresa.

Autores que contribuíram para a teoria clássica da administração

Não obstante a relevância de sua obra, Henri Fayol (1841-1925) teve sua teoria publicada aos 70 anos de idade, quando seu livro *Administration industrielle et générale* foi publicado na forma de artigo em um boletim de uma associação comercial: o *Bulletin de la Société de l'Industrie Minérale*. A primeira tradução para o inglês só ocorreu em 1949 (Lodi, 1971). De acordo com Machline e outros (1972), essa publicação retardada fez com que suas ideias ficassem em segundo plano, pois, à época, a Europa, inclusive a França, era dominada pelos conceitos de Taylor.

De acordo com Silva (1987), se comparado ao movimento da administração científica, o movimento da teoria administrativa foi menos impetuoso e contou com menos colaboradores e seguidores. Entre os diversos autores que contribuíram para o movimento da teoria clássica da administração destacam-se:

Luther Gulick

Gulick foi quem propôs a conhecida divisão POSDCORB (criada a partir da nomenclatura das práticas em inglês: *planning, organizing, staffing, directing, coordinating, reporting, budgetting*), para expressar as tarefas do executivo:

- *Planejar*. Dizer que coisas vão ser feitas e como serão feitas para alcançar os objetivos.
- *Organizar*. Criar uma estrutura de autoridade formal para coordenar e gerenciar as diversas unidades orgânicas criadas pela divisão do trabalho.
- *Staff* (administração de pessoal). Fazer, recrutar, ensinar e organizar as condições apropriadas de trabalho.
- *Dirigir*. Desempenhar a tarefa constante de tomar decisões e expressá-las por meio de ordens e instruções.
- *Coordenar*. Relacionar ente si as diversas atividades da empresa.
- *Informar*. Manter informados todos os interessados nas atividades do seu setor, assim como manter-se informado, e também seus subordinados, sobre as atividades da empresa.

❏ *Orçar.* Organizar todas as tarefas relativas à formulação, à apresentação, à execução etc. do orçamento da empresa.

Gulick (1936) salientou que tais funções devem ser incorporadas à estrutura das empresas de grande porte, nas quais o executivo não consegue suportar a quantidade de trabalho em razão do tamanho da empresa. Salientou ainda que a divisão do trabalho e a coordenação são fatores fundamentais para a análise de uma organização.

James D. Mooney e Alan C. Reiley

James D. Mooney e Alan C. Reiley partiram da análise histórica das estruturas de organização para redigir seu livro *Onward industry*, publicado em 1931. Nele, estabeleceram os princípios de eficiência organizacional que permitiram o alcance dos objetivos industriais de "lucro através de serviço" (Silva, 1987). "Mooney fez um tratamento clássico e preciso da organização administrativa tradicional, fundada em processos escalares, definições funcionais de serviços e tarefas, e coordenação fundamental" (Machline et al., 1972:195). Segundo Claude Machline, apesar de o livro não abordar o aspecto psicológico e humano das organizações, muitos autores nele se apoiaram para efetuar uma abordagem mais humanística da administração nas organizações.

Lyndal F. Urwick

Lyndal F. Urwick entendia a função administrativa como investigação, previsão, planejamento, organização, coordenação, comando e controle. Urwick delimitou os seguintes princípios de administração:

❏ *Princípio da especialização.* Cada empregado deve executar uma única tarefa ou função.
❏ *Princípio da autoridade.* É necessária uma linha de autoridade bem definida e do conhecimento de todos.
❏ *Princípio da amplitude administrativa.* Os supervisores devem ter sob sua responsabilidade direta um número limitado de subordinados.

❏ *Princípio da definição.* Os deveres, a autoridade, as responsabilidades de cada cargo e suas relações com os demais cargos devem ser bem definidos por escrito e ser do conhecimento de todos.

Desdobramentos da abordagem clássica

Nesta seção abordaremos as perspectivas teóricas que surgiram a partir da década de 1950 em decorrência da abordagem clássica da administração. Serão destacados os movimentos da gestão pela qualidade total, do toyotismo, do volvismo, da abordagem neoclássica e da administração por objetivos (APO). No caso específico da abordagem neoclássica, esta será tratada em parte neste capítulo e em parte no capítulo referente à escola de relações humanas, uma vez que possui características inerentes a esses dois movimentos da administração.

Gestão pela qualidade total

A ideia de qualidade é antiga na história da humanidade, remontando à Antiguidade. Na prática e no pensamento administrativo, o conceito de qualidade passou por diversos estágios até chegar à concepção atual de gestão pela qualidade total. Philip Crosby, William Deming, Joseph Juran, Armand Feigenbaum, Walter Shewart, Harold Dodge, Harry Roming e Kaoru Ishikawa são autores de reconhecida importância na concepção contemporânea de qualidade.

Existem muitas definições e conceituações de qualidade, mas, em síntese, as ideias centrais sobre o assunto costumam pautar-se pelos seguintes preceitos:

❏ *Excelência.* O mais elevado padrão de desempenho de um bem ou serviço.
❏ *Valor.* Número elevado de atributos, utilização de materiais ou serviços raros e caros.
❏ *Especificações.* Determinação prévia das características que o bem ou serviço deve ter em termos de desempenho, utilidade ou atributos desejáveis.

- *Conformidade com especificações*. Grau em que o bem ou serviço atende ou se adequa às especificações previstas.
- *Regularidade*. Grau de padronização de todos os bens e serviços produzidos (pouca variação, regularidade entre eles) e determinação se o padrão está de acordo com as especificações previstas.
- *Adequação ao uso*. Grau em que o bem ou serviço cumpre suas finalidades (promessas implícitas e explícitas), atendendo às necessidades e aos interesses dos clientes a que se destina, e ausência de defeitos.

A ideia de qualidade evoluiu ao longo dos anos e pode ser dividida em diversos estágios, a saber:

- *Estágio da inspeção*. Faz-se a observação direta dos produtos, inspecionando-os um a um e separando os defeituosos dos demais. Essa mentalidade existe desde a Antiguidade e ainda permanece até hoje, embora em menor grau. Os produtores de bens em pequena escala, como os artistas plásticos, por exemplo, costumam adotar esse tipo de procedimento.
- *Estágio do controle estatístico*. Com o advento da industrialização e da produção em massa, tornou-se impraticável inspecionar um a um os milhares de produtos que saem das linhas de montagem. Diante disso, em 1924, Shewart e, paralelamente, Dodge e Roming desenvolveram técnicas estatísticas de controle de qualidade com base na amostragem, muitas delas ainda em voga nos dias atuais.
- *Estágio da qualidade total*. Após a II Guerra Mundial, mais precisamente a partir da década de 1960, surgiram as primeiras ideias de qualidade total, quando foram publicadas as proposições de Feigenbaum, que receberam o nome de controle da qualidade total (TQC – *total quality control*) e que tinham como princípio basilar uma definição de qualidade baseada no interesse e na percepção de qualidade do cliente. A qualidade de um bem ou serviço, nessa concepção, seria aquela definida pelo cliente. Os departamentos de marketing, engenharia e produção estabeleceriam as especificações dos produtos ou serviços a partir das expectativas dos clientes. A qualidade total, na concepção de Feigenbaum, abrangeria todos os estágios do ciclo industrial (oito no entender do autor: marketing, engenha-

ria, suprimentos, engenharia de processo, produção, inspeção, expedição e instalação). Nessa perspectiva, portanto, a qualidade deixa de ser apenas um atributo do bem ou serviço, ou da responsabilidade exclusiva do departamento de qualidade, para se tornar um dever de todos na organização, exigindo uma visão sistêmica da empresa, o que implica a existência de um sistema de qualidade. Para garantir a qualidade dos produtos e serviços – sempre definida a partir das expectativas dos clientes –, contudo, é necessário que a empresa selecione bem os seus fornecedores e controle a qualidade dos insumos recebidos.

A filosofia da qualidade total difundiu-se rapidamente e hoje é adotada por milhares de empresas em todo o mundo. Foram criados, inclusive, prêmios de qualidade e organizações destinadas a educar e normatizar outras organizações em práticas de gestão baseadas nos preceitos da qualidade total. Como exemplos de prêmios dessa natureza temos, no Brasil, o Prêmio Nacional de Qualidade (PNQ), maior reconhecimento da qualidade da gestão no país, e, em âmbito internacional, o Prêmio Europeu de Qualidade, criado em 1992.

Como organização normatizadora de âmbito internacional, temos a International Organization for Standardization (ISO), sem fins lucrativos, criada em 1947 e com sede em Genebra, Suíça. Em 1987, a organização publicou as normas ISO Série 9000 de padrões internacionais que dispõem sobre boas práticas de administração da qualidade. Em 1996 publicou a série ISO 14000, que trata da administração ambiental. No Brasil, a Associação Brasileira de Normas Técnicas (ABNT), membro fundador da ISO, é a organização nacional de normatização.

Toyotismo e produção flexível

O toyotismo é um modelo de administração e produção japonês, iniciado pela Toyota – organização industrial japonesa do setor automobilístico – na década de 1950, e que tem por base a produção flexível. Tudo teve início quando o jovem engenheiro Eiji Toyoda empreendeu uma visita de três meses às instalações da fábrica da Ford em Detroit, EUA, para verificar seu funcionamento e gestão e tentar aplicá-los à fábrica da Toyota no Japão. Após a visita, Toyoda constatou que havia meios de melhorar o sistema de produção da Ford e, de volta ao seu país, junto com o chefe da engenharia da Toyota, Taiichi Ohno, concluiu que o modelo de produção em massa adotado por aquela empresa não funcionaria bem no Japão em função dos padrões culturais daquele país, bastante distintos dos norte-americanos. Além disso, o Japão vivia um contexto socioeconômico desfavorável à aplicação daquele modelo de produção em massa, já que era um país arrasado pela II Guerra Mundial, com mão de obra não especializada, um mercado consumidor pequeno, escassez de capital e matéria-prima limitada.

Para Toyoda, o modelo de produção em massa da Ford apresentava graves problemas de desperdício de recursos – materiais, esforço humano, tempo e espaço. Para competir no mercado, simplificou e modificou o modelo e aplicou-o à Toyota, tornando-o mais flexível. Tal flexibilização tinha como objetivo só produzir os bens no momento em que fossem demandados, evitando que ficassem estocados, o que passou a ser conhecido como *just-in-time* – "na hora certa". Dessa forma, a Toyota propunha-se a trabalhar com pequenos lotes de produção (produção enxuta ou *lean production*), visando a qualidade máxima possível dos seus produtos, com a eliminação de desperdícios e tomando por base os preceitos da qualidade total.

O sistema Toyota pautava-se por dois princípios: *eliminação de desperdícios* e *fabricação com qualidade*. Esses princípios possibilitaram a produção de bens de alta qualidade a baixo custo, o que converteu a Toyota de uma empresa pouco expressiva no cenário mundial à maior montadora de automóveis do mundo em 2007. O sistema Toyota aplica três ideias principais para *eliminar desperdícios*: produção flexível, racionalização e multifuncionalização da mão de obra, e sistema *just-in-time*.

O segundo princípio do sistema Toyota – a *fabricação com qualidade* – tem por objetivo principal identificar e corrigir defeitos e eliminar suas causas, o que também é uma forma de eliminar desperdícios. Esse princípio baseia-se em três elementos: fazer certo da primeira vez, descobrir as causas dos erros e corrigi-los, e círculos de qualidade.

Devido ao sucesso da Toyota a partir dos anos 1970, o sistema de produção flexível tornou-se aos poucos conhecido e passou a ser adotado, com acréscimos e adaptações, por diversas indústrias automobilísticas de todo o mundo, como General Motors, Porsche e Chrysler.

Volvismo

O volvismo é um modelo de organização do trabalho produtivo alternativo ao fordismo na indústria automobilística, desenvolvido na década de 1970 nas plantas da Volvo em Kalmar e, posteriormente, em Torslanda (1980-1981) e em Uddevalla (1988), Suécia, compatibilizando os aspectos tecnológicos e humanos presentes no sistema produtivo – uma abordagem sociotécnica do trabalho.[5] A criação e a adoção desse modelo pela Volvo se deu em função de características específicas da indústria sueca e da sociedade daquele país, bem como da intenção da empresa de internacionalizar sua produção. Além disso, a Volvo se caracterizava tanto pelo alto grau de automação e informatização quanto pela inovação e pelo experimentalismo. Isso tudo, em conjunto, impulsionou as inovações adotadas pela empresa. Cabe destacar que uma das características do modelo Volvo, à época, foi sua relação extramuros com a sociedade, por meio de investimentos da empresa em diversos equipamentos sociais, como escola e igreja, o que lhe proporcionou não só uma boa imagem perante a sociedade sueca, como também a ampliação do espaço político da organização entre os cidadãos e o Estado.

Em síntese, as principais características do volvismo, segundo Wood Jr. (1992), são:

❑ Flexibilidade funcional na organização do trabalho, aliada ao alto grau de automação e informatização, combinadas com aspectos de produção manual, gerando uma produção diversificada e de qualidade.

---

[5] A abordagem sociotécnica das organizações surgiu em 1949, a partir de estudos realizados em minas de carvão na Inglaterra. Essa abordagem considera a organização um sistema composto por diversos subsistemas, que podem ser classificados em dois grandes grupos: o técnico e o social. O subsistema técnico engloba as tarefas e as condições técnicas para a sua realização, o ambiente de trabalho, as instalações, os equipamentos, as ferramentas e os procedimentos e normas. O subsistema social compreende os trabalhadores com suas características fisiológicas e psicológicas, as relações sociais dentro da organização, as condições organizacionais do trabalho e seu nível de qualificação. Assim, deve-se buscar um ajustamento adequado entre os aspectos técnicos e sociais para que a organização atinja a eficiência e a eficácia em suas operações internas e na interação com o ambiente (Motta e Vasconcelos, 2002).

- Organização do trabalho baseada na autonomia e na ampla participação do trabalhador nos processos de decisão concernentes ao processo produtivo, bem como a preocupação com questões ergonômicas e boas condições de trabalho.
- Combinação de centralização e automação no sistema de manuseio de materiais.
- Organização do trabalho baseada em grupos autônomos de trabalho. Os operários passaram de montadores de partes a construtores de veículos, o que enriqueceu suas funções. As tarefas eram distribuídas de acordo com as competências de cada operário, que eram constantemente aperfeiçoadas. Assim, cada grupo conseguia montar um carro completo em um ciclo de duas horas.
- Planejamento de recursos humanos como parte integrante da estratégia de produção.
- Investimento intensivo em treinamento e aperfeiçoamento profissional – os operários passavam por um período inicial de quatro meses de treinamento, seguido de três períodos de aperfeiçoamento. Esperava-se que, ao final de 16 meses, fossem capazes de montar um automóvel por inteiro.

Abordagem neoclássica da administração

A abordagem neoclássica da administração – também conhecida por escola operacional ou do processo administrativo – representa a atualização e o redimensionamento dos conceitos e princípios da abordagem clássica aos problemas administrativos e à realidade organizacional atuais. Trata-se de um movimento iniciado na década de 1950, em função do crescimento acelerado das organizações e dos problemas administrativos a serem enfrentados. Tem como principais autores Peter Drucker, Ernest Dale, Harold Koontz, Cyril O'Donnell, Michael Jucius, William Newman, Ralph Davis, George Terry, Morris Hurley, Louis Allen, entre outros. Suas principais características são:

- O enfoque prático da administração, dando forte ênfase aos resultados, à eficiência e à eficácia organizacionais.

- Ênfase na estrutura organizacional. Muitas das preocupações dos teóricos dessa abordagem tinham a ver com as vantagens e as desvantagens da centralização ou da descentralização administrativas e com a identificação dos tipos e estruturas organizacionais existentes.
- A reafirmação, ainda que parcial e relativa, dos postulados e princípios da abordagem clássica.
- O entendimento da administração como técnica social básica, atividade essencial a todo e qualquer esforço coletivo humano, independentemente do tipo de organização em que se insere – empresa, Estado, escola, hospital etc. A administração é vista como uma técnica social que induz à cooperação humana, sendo esta última essencial para o alcance de objetivos comuns.
- Enfoque nas funções do administrador, que, nessa abordagem, ganham nova roupagem em relação aos princípios de administração de Fayol e passam a ser concebidas como planejar, organizar, dirigir e controlar (PODC).
- Ecletismo, já que os autores da abordagem neoclássica são diversos e incorporaram, além de muitos dos princípios da abordagem clássica, o conteúdo de outras teorias administrativas, como a teoria das relações humanas, a teoria da burocracia, a teoria estruturalista, o behaviorismo, a teoria matemática e a teoria dos sistemas.

Um dos principais produtos da abordagem neoclássica é a administração por objetivos, que destacaremos a seguir.

Administração por objetivos

A expressão "administração por objetivos" (APO) foi introduzida por Peter Drucker, em 1954, em seu livro *The practice of management*, e ganhou grande popularidade tanto na literatura quanto na prática da administração. A APO pode ser considerada um sistema de administração que visa a integração e a coordenação de esforços e relaciona as metas organizacionais com o desempenho e o desenvolvimento individual, envolvendo todos os departamentos e níveis da organização. A proposta da APO é fazer que superiores e subordinados, de modo participativo e democrático, planejem, acompanhem e controlem os objetivos e metas a serem alcançados em determinado período de tempo em termos quantitativos.

Para a APO, os objetivos devem ser definidos de acordo com sua contribuição para o alcance dos resultados prioritários da empresa. Em função de as empresas perseguirem diversos objetivos, surge o problema da prioridade. Para resolvê-lo, os teóricos dessa abordagem propuseram a hierarquização dos objetivos organizacionais em três níveis:

- *Estratégico*. São os objetivos mais amplos e de longo prazo da organização, também chamados de objetivos globais ou organizacionais.
- *Tático*. São os objetivos departamentais e de médio prazo da organização.
- *Operacional*. São os objetivos relacionados a cada tarefa e a cada indivíduo e seu detalhamento a curto prazo.

Após a fixação dos objetivos, propõe-se a elaboração dos planos estratégico, tático e operacional para alcançá-los. Os planos devem ser continuamente avaliados e revisados. Em síntese, a administração por objetivos tem como características:

- estabelecimento de um conjunto de objetivos entre a chefia e seus subordinados;
- estabelecimento de um conjunto de objetivos para cada departamento ou função;
- interligação dos objetivos departamentais;
- elaboração de planos estratégicos, táticos e operacionais;
- contínua avaliação, revisão e reciclagem dos planos.

Limitações da abordagem clássica

Apontar as vantagens e desvantagens, os pontos fortes e fracos, os limites e potencialidades das teorias organizacionais e administrativas é tão importante quanto apresentar ao leitor as características e as especificidades de cada uma delas, o contexto de sua elaboração, seus pontos de convergência e divergência e seus desdobramentos. Ou seja, além de adotar uma postura descritivo-interpretativa em relação às teorias, faz-se necessário debruçar-se sobre elas com um olhar crítico. É com esse olhar que trataremos a teoria clássica e a administração científica.

A teoria clássica da administração e a administração científica, assim como quaisquer outras abordagens teóricas da administração, possuem limitações, uma vez que são formas parciais de percepção da prática administrativa e da realidade organizacional e são produzidas em um determinado contexto sócio-histórico. As limitações, contudo, não diminuem o mérito daqueles pioneiros que despenderam esforços para melhor compreender as práticas administrativas, propor soluções para os problemas organizacionais de sua época e sistematizar os conhecimentos obtidos a partir de seus estudos, de forma a tentar elaborar teorias. As principais limitações da abordagem clássica da administração são apontadas a seguir.

Concepção mecanicista e parcial da organização

Para a administração científica e clássica, a organização só é percebida em seus aspectos racional e técnico. Os aspectos humanos são negligenciados. A abordagem clássica da administração enfoca somente os aspectos formais da organização, omitindo a organização informal, os aspectos psicológicos e sociais dos trabalhadores (que só seriam abordados mais tarde, pela escola de relações humanas), os conflitos entre os objetivos organizacionais e individuais. Os estudos de tempos e movimentos, a determinação do melhor método de trabalho, a organização hierárquica dos cargos, a fragmentação excessiva e a padronização das tarefas, a rotinização, o estabelecimento de princípios gerais de administração são exemplos de práticas administrativas que caracterizam a metáfora da organização como uma máquina, ou seja, a organização como um conjunto de peças ou partes interdependentes, funcionando sincrônica e harmonicamente e de maneira eficiente (Morgan, 1996). Nessa perspectiva, o próprio operário é tratado como mais uma peça na engrenagem, semelhante às demais, cujo comportamento tornou-se mecanizado e rotinizado no processo de produção. Isso explica a predileção de Taylor pelo homem de força e inteligência bovinas para integrar o processo produtivo. Cabe alertar que muitas organizações desempenham tarefas mais complexas que a maioria das máquinas, são obrigadas a lidar com mudanças e incertezas ambientais e com a complexidade e a imprevisibilidade do comportamento humano. As organizações concebidas segundo a perspectiva mecanicista têm mais dificuldades de se adaptar às mudanças e pouca flexibilidade e capacidade criativa para a inovação.

Também não é considerada na abordagem clássica da administração a relação organização-ambiente. As organizações são concebidas como se existissem fora do tempo e do espaço, independentemente da sociedade em que estejam inseridas. É como se fossem autônomas e não influenciassem o meio ambiente ou não fossem por ele influenciadas.

Visão simplista do homem

A administração científica ignorava o trabalhador como ser humano e social. Pautava-se pela ideia de homem unidimensional do capitalismo, que só é reconhecido em sua dimensão racional. Nessa concepção, o homem age utilitariamente, ou seja, é um ser mesquinho, previsível e egoísta, voltado para a maximização dos benefícios materiais e econômicos, o que implica dizer que apenas a variável econômica determina seu comportamento. Ainda nessa perspectiva, o homem é concebido como um ser hedonista, que visa o prazer e evita o sofrimento. O trabalho seria percebido pelo homem como fonte de sofrimento e, portanto, evitado por ele. Para Taylor, o ser humano é indolente e preguiçoso e, por isso, os operários tendem à vadiagem na indústria. Sendo assim, os operários só se sentiriam estimulados a trabalhar e a aumentar sua produtividade quando lhes fossem oferecidos incentivos financeiros adequados.

Especialização excessiva do trabalhador

Taylor acreditava que, quanto mais especializado fosse o trabalho operário, maior seria a eficiência administrativa. Para ele, as tarefas deviam ser simplificadas de tal forma que pudessem ser facilmente aprendidas e executadas com maior velocidade e precisão pelos operários, o que, consequentemente, aumentaria a produtividade da indústria, com menor desperdício de recursos (tempo, energia, materiais, entre outros). Embora tenha proporcionado muitos ganhos à administração, a adoção da especialização excessiva do trabalho desconsidera as condições psicológicas e sociais do trabalhador e provoca efeitos nocivos aos empregados. O trabalhador torna-se ainda mais alienado dentro do processo de produção e sem possibilidades de compreender os processos de trabalho de forma mais ampla.

Ausência de cientificidade

Embora os estudos de Taylor tenham sido por ele denominados "administração científica", e em seus trabalhos Fayol objetivasse transformar a administração em uma ciência, os autores clássicos fundamentaram seus conceitos no empirismo e no pragmatismo, não tendo sido realizadas experimentações científicas para comprovar suas teorias e dar consistência às suas proposições.

Propostas prescritivas e generalizantes

A abordagem clássica da administração preocupou-se mais em determinar como o trabalho deve ser organizado e como a administração deve conduzir a organização do que em explicar como ela funciona. Propôs-se a prescrever princípios normativos – indicando a melhor maneira de administrar uma organização para obter a máxima eficiência –, que deveriam ser aplicados a todas as organizações, independentemente do contexto, das circunstâncias, da natureza de sua atividade e de sua realidade organizacional. Cada organização é um espaço singular, portanto teorias, modelos e princípios que se pretendem soluções universais no que tange à gestão organizacional devem ser analisados criticamente.

Apesar de todas as limitações aqui apresentadas, é inegável a importância da contribuição dos teóricos clássicos para o desenvolvimento da administração como campo de estudo, para a solução dos problemas que as organizações industriais enfrentavam à época, bem como para o desenvolvimento econômico, tecnológico e social. Graças às técnicas de racionalização por eles propostas, as organizações puderam aumentar sua produtividade e reduzir seus custos, o que possibilitou a colocação no mercado de uma grande quantidade de bens a preços mais acessíveis, impulsionando assim o surgimento de uma sociedade de massa.

Não se pode esquecer também que ainda hoje muitas organizações utilizam o modelo mecanicista em grande parte de suas operações com relativo sucesso, como cadeias de *fast-food*, indústrias automobilísticas e outras em que a precisão, a regularidade, a confiabilidade e a rapidez dos processos de trabalho e das tarefas são essenciais ao êxito do empreendimento.

2 Abordagem das relações humanas

Contexto histórico

Como já visto no capítulo 1, os esforços de Frederick Taylor para racionalizar o trabalho na fábrica em bases científicas levaram ao aumento significativo da produtividade e a um melhor aproveitamento da mão de obra pelas empresas industriais da época. Os métodos de Taylor, contudo, provocaram reações negativas nos trabalhadores, que passaram a fazer reivindicações, manifestações e greves, o que prejudicou a produção e o lucro das empresas. Os trabalhadores resistiam porque não só acreditavam que tais métodos atendiam exclusivamente aos interesses dos empregadores, mas também comprometiam sua saúde, segurança e qualidade de vida.

Pode-se associar o surgimento e o desenvolvimento da escola de relações humanas ou da abordagem humanística da administração a alguns fatores histórico-sociais que ocorriam na Europa e nos EUA, como o fortalecimento dos sindicatos de trabalhadores, bem como à emergência da psicologia e da psicologia industrial e ao desenvolvimento da sociologia moderna, especialmente a de Émile Durkheim e Vilfredo Pareto.

O movimento sindical

Paralelamente à expansão industrial de meados do século XIX e início do XX e ao movimento da administração científica, ocorreram a expansão e o fortalecimento dos sindicatos de trabalhadores na Europa e nos Estados Unidos. Antes, porém, da formação dos sindicatos, os trabalhadores se organizaram nas chamadas *labour unions* ou *trade unions*, na Inglaterra, agremiações que constituíram o primeiro passo na criação dos sindicatos no século XIX.

Nos Estados Unidos, o sindicalismo nasceu por volta de 1827. Sua expansão, contudo, só ocorreria a partir da segunda metade do século, período marcado pela difusão dos ideais comunistas, especialmente com a publicação do *Manifesto do Partido Comunista* (1848) por Karl Marx e Friedrich Engels, obra na qual os autores conclamam a união dos proletariados de todo o mundo em prol da luta contra o capital e a exploração dele decorrente.

Em 1886, foi fundada a American Federation of Labor, que organizou uma greve de trabalhadores em Chicago, no dia 1º de maio, reivindicando a jornada de oito horas diárias de trabalho,[6] entre outras melhorias nas condições laborais. Foram muitos os mortos, feridos e presos. Esse episódio levou o Congresso norte-americano a aprovar, em 1889, a Lei de Regulamentação da Jornada de Trabalho, estabelecendo-a em oito horas diárias. Em 1912, por pressão dos sindicatos, especialmente da American Federation of Labor, foi aberto um inquérito parlamentar contra Taylor. As greves realizadas entre 1911 e 1916 exigiam o cancelamento da mensuração dos tempos e movimentos e, consequentemente, a extinção dos cronometristas e apontadores que vigiavam cada atividade executada pelos operários. Exigiam também a democratização das relações de trabalho, ou seja, a participação dos trabalhadores nas decisões da empresa, visto que a organização do trabalho e da produção nos moldes de Taylor era incompatível com o estilo democrático de vida do norte-americano.

Se, por um lado, o sindicalismo se fortalecia e se organizava, por outro, o patronato desenvolvia estratégias para garantir seus interesses, como a criação de movimentos e associações patronais, o financiamento de teorias administrativas e o desenvolvimento de técnicas capazes de minimizar os conflitos na indústria, reduzir os altos índices de *turnover* e absenteísmo existentes na época, e garantir a maximização da produção e do lucro.

---

[6] Antes disso, a jornada de trabalho era, em média, de 12 horas diárias, sendo comum o emprego de mão de obra infantil e feminina nas fábricas até o início do século XX.

A psicologia e a sociologia

O surgimento e a evolução da escola de relações humanas na administração também podem ser associados ao desenvolvimento da psicologia e da psicologia industrial e à sociologia moderna.

A psicologia, ramo da ciência que se desenvolveu no final do século XIX e início do XX, deu início nessa época aos primeiros estudos que consideravam o indivíduo produto da sociedade e dos grupos sociais aos quais se filiava. Diferentemente da concepção de ser humano da economia clássica de tradição liberal, para a qual os indivíduos agem isoladamente, sem considerar os outros e de maneira estritamente racional, com base no cálculo utilitário das consequências para maximizar seus ganhos econômicos, a psicologia concebia o homem como um ser cujo comportamento é influenciado pelo comportamento do grupo social do qual participa mais diretamente e com o qual se identifica, desenvolve relações afetivas e está predisposto a colaborar (grupo primário). O homem, nessa perspectiva, é um ser psicossocial.

A psicologia industrial exerceu influência na escola de relações humanas no que diz respeito à tendência de ajustar os indivíduos à organização, a partir do desenvolvimento de técnicas de seleção de pessoal e testes psicológicos para adequar as pessoas aos cargos. O primeiro compêndio nessa área foi o livro do psicólogo alemão Hugo Münsterberg intitulado *Psychology and industrial efficiency* e publicado em 1913. Nota-se pelo título do livro de Münsterberg que a psicologia industrial surgiu com o intuito de maximizar o envolvimento do homem com a indústria e, com isso, maximizar a produtividade do trabalhador, a eficiência e o lucro da organização. Trata-se, portanto, de adaptar o indivíduo à empresa capitalista (ao sistema capitalista como um todo) e aos interesses do capital, sem transformar radicalmente o meio (Tragtenberg, 1980).

A partir da psicologia industrial, as resistências e dificuldades dos trabalhadores passariam a ser explicadas pela perspectiva psicossociológica da inadequação do trabalhador ao cargo, de problemas individuais de personalidade e de comportamento social. O problema estaria nos "desajustes" individuais, e não na empresa e em suas condições de produção ou nos conflitos de interesses entre capital e trabalho (Tragtenberg, 1980; Motta, 2001a).

Igualmente relevante para a formação inicial da escola de relações humanas foram a sociologia funcionalista do francês Émile Durkheim e a sociologia "das elites" do sociólogo e economista italiano Vilfredo Pareto (Tragtenberg, 1977, 1980; Faria, 1985). Em certos aspectos, esses dois autores influenciaram o pensamento do cientista social australiano radicado nos Estados Unidos, George Elton Mayo, considerado um dos precursores da abordagem das relações humanas na administração.

George Elton Mayo resgatou as ideias, originariamente trabalhadas por Durkheim, da necessidade de coesão e de consenso entre os indivíduos para o bom funcionamento (equilíbrio) da sociedade. Para Durkheim, assim como para Mayo, a cooperação, o consenso e a harmonia seriam a saúde e o bem-estar social, enquanto os conflitos "constituem-se em verdadeiras chagas sociais que desintegram e destroem a sociedade" (Faria, 1985:64).[7] Segundo Mayo, portanto, os conflitos devem ser evitados a todo custo na empresa, uma vez que prejudicam seu equilíbrio e seu funcionamento.

Influenciado por Durkheim, Mayo (1933) afirma que, na sociedade industrial, as ligações tradicionais dos indivíduos com a família e com a comunidade são cada vez mais precárias. O sentimento de cooperação espontânea com esses grupos está se desgastando. O apoio prestado pelas instituições sociais tradicionais deveria, agora, ser dado pela organização industrial, na qual, em pequenos grupos de trabalho coesos, os homens reencontrariam o sentido de proteção e satisfação social que haviam perdido (Pugh et al., 2004; Parker et al., 1971). Sendo assim, os administradores deveriam evitar a anomia, ou seja, deveriam estabelecer as normas sociais que regeriam as condutas dos indivíduos e grupos na indústria, bem como evitar o sentimento de desenraizamento dos funcionários.

Da sociologia de Vilfredo Pareto, Mayo, segundo José Henrique de Faria (1985), retira a ideia de elite e sua legitimidade na condução da sociedade. Para Pareto, em todas as esferas, em todas as áreas da ação humana, existem

---

[7] "O conflito é uma chaga social, a cooperação é o bem-estar social" (Mayo, 1919:48).

indivíduos que se destacam dos demais por seus dons, por suas qualidades superiores – uma elite.[8] Ele estava convencido da superioridade das elites porque acreditava que as desigualdades entre os indivíduos na sociedade faziam parte da "ordem natural" das coisas. Pareto defendia a dominação social pelas elites e foi um crítico do regime socialista. A seu ver, ainda era impossível um governo social estritamente democrático, de soberania popular. Todo governo seria sempre o governo legítimo de uma minoria (elite), sendo a democracia apenas uma retórica e uma ilusão. Na visão de Faria (1985:64), "inspirado em Vilfredo Pareto, Mayo acredita que a condução da sociedade deve ficar a cargo de uma elite de administradores capazes de dirigi-la de forma construtiva, evitando os conflitos". Para Mayo (1933), cabia aos administradores a manutenção da cooperação espontânea na indústria, o que criaria um senso de objetivo comum dentro das organizações industriais, evitando-se, desse modo, um colapso futuro na sociedade.

Sobre a democracia na sociedade industrial, Elton Mayo tinha pensamento parecido com o de Pareto, visto que criticava a sua validade para a solução de problemas. "Os métodos da democracia, longe de proporcionarem os meios de solução da sociedade industrial, provaram ser inteiramente inadequados para a tarefa" (Mayo apud Tragtenberg, 1977:81). Para o autor, a cooperação e a participação do operário eram possíveis e desejáveis, mas sempre deveriam ser conduzidas e limitadas pela elite de administradores.

Não se pode esquecer, contudo, a importância de alguns autores da administração, cujos estudos precederam os trabalhos de Elton Mayo, para o surgimento da escola de relações humanas. Por exemplo: os estudos de Taylor sobre a fadiga humana no trabalho; os de Lilian Gilbreth – uma das precursoras da psicologia aplicada ao trabalho – sobre a influência dos fatores ambientais no bem-estar do trabalhador; os de Henry Gantt, reconhecendo os aspectos de natureza psicológica dos trabalhadores e também a importância de incentivos não monetários para estimular o aumento da produtividade.

---

[8] Para conhecer mais sobre o assunto, consultar o *Trattato di sociologia generale* (1916), de Pareto.

Outra importante pioneira nos estudos de relações humanas no trabalho foi a norte-americana Mary Parker Follet (1868-1933). Entre seus estudos, destaca-se o que analisa as causas dos conflitos na indústria e propõe métodos para a sua solução. Follett afirma que existem três métodos possíveis para solucionar esse tipo de conflito. O primeiro seria o método da força (ou dominação), no qual o lado mais forte predomina sobre o mais fraco e o faz por meio da coerção e de ameaças para alcançar o resultado desejado. O segundo método, denominado por Follet barganha (ou conciliação), implica a negociação política entre as partes. Os dois lados cedem um pouco, e se adota um meio-termo como solução. Para a autora, esse método seria prejudial a ambas as partes, já que nenhuma delas teria suas reivindicações plenamente atendidas. Nesses dois métodos apresentados, segundo Follet, o conflito continua de forma subjacente e, em dado momento, volta à tona de forma mais hostil. A solução ideal estaria na adoção do método da integração, no qual o conflito é resolvido de forma a atender a ambas as partes, buscando-se uma solução criativa diferente das alternativas em conflito. Nesse método, o conflito deve ser trabalhado em conjunto para encontrar uma solução. A solução pode ser alcançada por meio da participação de todos na tomada de decisões. Para a autora, a adoção desse método nem sempre é possível, embora seja uma alternativa válida e viável.

Elton Mayo e a experiência de Hawthorne

A abordagem das relações humanas – movimento que deu nova perspectiva a pressupostos da abordagem clássica – teve como marco os estudos e experiências de Elton Mayo e seus colaboradores realizados na Western Electric Company, situada no bairro de Hawthorne, em Chicago. Apesar, porém, de a experiência de Hawthorne, como é conhecida, ser considerada o ponto inicial do movimento, é preciso reconhecer que certos fatores contribuíram para o movimento. O desenvolvimento das ciências humanas, notadamente da psicologia e da sociologia, por exemplo, permitiu que os novos conhecimentos pudessem ser adaptados e aplicados às organizações.

A massificação dos métodos propostos pela administração científica resultou no surgimento de problemas de desumanização do trabalho. Isso aconteceu em função de essa abordagem considerar o ser humano uma unidade de planejamento influenciada por aspectos econômicos, cujo desempenho podia ser definido pelo estudo da melhor maneira de executar as tarefas (tempo e movimento), da fadiga e das deficiências no ambiente físico. Assim sendo, o postulado taylorista de que a administração científica beneficiava tanto os empregados quanto os patrões passou a ser interpretado como um meio sofisticado de exploração dos empregados para atender aos interesses patronais. A crise de 1929 aprofundou os problemas existentes, na medida em que o empresariado precisou aumentar a produtividade.

Por fim, as limitações do método da administração científica passaram a ficar evidentes em estudos como o da National Academy of Sciences, que tentou sem sucesso relacionar as condições físicas de trabalho com a produtividade.

A experiência de Hawthorne foi efetuada entre 1924 e 1932 e abrangeu estudos de iluminação, sala de testes de montagem de relés – STMR (alguns autores consideram duas categorias – STMR 1 e STMR 2) –, programa de entrevistas e montagem de terminais. Os estudos de iluminação permitiram chegar à conclusão de que não havia um padrão de comportamento que pudesse relacionar a variação da luminosidade à produção dos operários. Com isso, procurou-se dimensionar a influência sobre a produtividade de variáveis como: horário, turnos e local de trabalho, umidade, temperatura, intervalo de descanso etc. Também não se conseguiu estabelecer uma relação direta entre os fatores físicos de trabalho estudados e a produtividade. Mas concluiu-se que havia uma clara indicação da existência de variáveis referentes às relações humanas que influenciavam o desempenho dos trabalhadores.

As categorias seguintes – programa de entrevistas e montagem de terminais – mudaram o foco das variáveis físicas de trabalho para as variáveis humanas. O programa de entrevistas revelou a existência de uma organização informal, que estabelecia padrões de produtividade e conduta, no intuito de unir e proteger os interesses dos trabalhadores, e que se diferenciava dos grupos informais que se unem sem visar atingir metas de serviços ou produção. Os estudos do programa de entrevistas revelaram ainda que a organização informal podia trazer problemas, caso as normas de conduta da empresa divergissem dos padrões de comportamento do grupo informal. A montagem dos terminais foi a última categoria a ser estudada e teve por objetivo identificar as relações entre as organizações informal e formal.

Os estudos de Mayo são assim descritos por Miler e Form:[9]

- O trabalho é uma atividade grupal.
- O mundo social do adulto é principalmente padronizado em suas atividades de trabalho.
- A necessidade de reconhecimento, segurança e senso de pertencer é mais importante para determinar a moral e a produtividade dos trabalhadores do que as condições físicas do ambiente em que ele trabalha.
- Uma reclamação não traduz necessariamente o fato explicitado, ela é comumente a manifestação de uma perturbação da situação em que se encontra o indivíduo.
- O trabalhador é uma pessoa cujas atitudes e eficácia (*effectiveness*) são condicionadas pelas demandas sociais, tanto de dentro quanto de fora da fábrica.
- As organizações informais da fábrica exercem grande controle sobre os hábitos e atitudes do trabalhador.

A mudança de uma sociedade estabilizada para uma sociedade em adaptação ocorre porque a segunda se origina do uso de técnicas que levam ao rompimento da organização social da fábrica e da indústria em geral.

A colaboração grupal não ocorre por acidente, ela tem de ser planejada e desenvolvida. Caso a colaboração grupal seja estabelecida por meio das relações na fábrica, pode criar uma união que resistirá aos efeitos do rompimento da sociedade em adaptação (fábrica).

A experiência de Hawthorne foi o marco da abordagem das relações humanas porque ofereceu um novo pressuposto teórico ao considerar a

---

[9] Ver Motta e Vasconcelos (2002).

organização informal, incluir os fatores humanos (psicossociais) dos empregados e contribuir com os principais pensadores da abordagem.

A abordagem comportamental da administração

A abordagem comportamental da administração surgiu principalmente como consequência de uma série de trabalhos realizados por pessoas ligadas à escola de relações humanas, como Kurt Lewin e Elton Mayo, entre outros, que procuraram se opor às chamadas teorias clássicas que dominavam o estudo da administração. Para os teóricos clássicos, a análise das organizações devia se preocupar apenas com elementos puramente técnicos, como a estrutura das organizações, as tarefas, os custos de produção etc.

O principal tema estudado pela escola de relações humanas, conforme Maximiano (1997), é como os indivíduos se comportam nas organizações, e o fato de integrarem grupos de trabalho. As pessoas deixaram de ser vistas pela visão mecanicista, que se preocupava apenas com questões como salário, e passaram a ser consideradas seres individuais complexos, que têm a necessidade de se relacionar uns com os outros.

A teoria behaviorista ou comportamental da administração teve início mais especificamente com os trabalhos de Chester Barnard, Herbert Alexander Simon e outros, e sofreu forte influência da psicologia individual e social. Os dois principais objetivos dessa abordagem, conforme Maximiano (1997), são tentar compreender a formação da organização informal (grupos que se formam a partir da interação espontânea entre os indivíduos) e as características que diferenciam as pessoas umas das outras. Segundo Stoner e Freeman (1995), os cientistas do comportamento contribuíram bastante para o nosso entendimento da motivação de cada pessoa, das relações entre elas nas organizações e dos comportamentos grupais, além de terem proporcionado mudanças na relação entre os administradores e seus subordinados.

Teorias sobre motivação

Uma das questões mais discutidas por pesquisadores e pessoas relacionadas ao mundo das organizações em geral é o processo de motivação no ambiente de trabalho. Nos últimos anos, diversas teorias foram formuladas para tentar explicar por que o desempenho dos indivíduos varia tanto na consecução de suas tarefas. Stoner e Freeman (1995:322) afirmam que "a motivação são os fatores que provocam, canalizam e sustentam o comportamento humano", o que significa dizer que as pessoas agem de acordo com os diferentes estímulos que recebem.

De acordo com Stoner e Freeman, duas classificações podem ser utilizadas para facilitar o estudo da motivação humana. A primeira, denominada teorias de conteúdo, tem por objetivo explicar que elementos são efetivamente responsáveis pela motivação, enquanto a segunda, chamada de teorias de processo, tenta explicar como se dá o processo de motivação. Entre as teorias englobadas pela primeira classificação, as consideradas mais significativas para a maioria dos estudiosos da área são as teorias clássicas, as teorias das necessidades, as teorias X e Y e a teoria dos dois fatores, enquanto que a segunda classificação abrange principalmente a teoria das necessidades, a teoria da expectativa, a teoria do estabelecimento de objetivos e a teoria da equidade. Outra abordagem conhecida, mas estudada de forma isolada das demais categorias por se diferenciar bastante delas, é a teoria do reforço.

As principais teorias clássicas da administração, apesar de levarem em conta apenas os fatores internos à organização e ligados diretamente ao processo de trabalho (equipamentos, custos de produção, mão de obra etc.), já se preocupavam em descobrir quais os elementos mais eficazes para a motivação dos operários que trabalhavam nas fábricas. Segundo Stoner e Freeman (1995), no modelo da administração científica, surgida a partir dos trabalhos de Frederick Taylor, os administradores tinham por objetivo determinar quais as melhores formas de realizar tarefas que se repetiam continuamente, e o meio que encontraram para motivar seus empregados foi o incentivo salarial. Para esse modelo, como os operários eram pessoas que tendiam naturalmente à preguiça, o dinheiro era o único elemento considerado realmente capaz de motivá-los para o trabalho.

Ainda de acordo com os autores, o modelo de incentivos salariais pareceu dar certo em um primeiro momento, tendo em vista que a produção de fato aumentou em contextos diversos. A situação mudou, porém, depois que os administradores perceberam que já não era mais necessário manter o mesmo número de empregados, nem continuar com o sistema de incentivos, dado o aumento da produção. A partir daí, o modelo não mais funcionou e os trabalhadores passaram a exigir maior estabilidade no emprego.

Teoria da hierarquia das necessidades

A teoria da hierarquia das necessidades é uma das formulações sobre motivação mais conhecidas e discutidas, tendo sido formulada por Abraham H. Maslow na década de 1940. A ideia central é que os seres humanos têm cinco necessidades ordenadas hierarquicamente e que precisam ser satisfeitas, desde as situadas no nível mais baixo até as dispostas no topo da hierarquia. Segundo Maslow (apud Robbins, Judge e Sobral, 2010), os principais tipos de necessidades são as seguintes:

- *Fisiológicas*. Incluem fome, sede, abrigo, sexo e outras necessidades corporais.
- *Segurança*. Abrange segurança e proteção contra danos físicos e emocionais.
- *Sociais*. Dizem respeito a afeição, aceitação, amizade e sensação de pertencer a um grupo.
- *Estima*. Inclui fatores internos de estima, como respeito próprio, realização e autonomia, e fatores externos de estima, como *status*, reconhecimento e atenção.
- *Autorrealização*. A intenção do indivíduo de se tornar tudo aquilo que é capaz de ser; inclui crescimento, autodesenvolvimento e realização do próprio potencial.

Para Maslow, as necessidades fisiológicas e de segurança são as que devem ser atendidas antes de todas as outras, por serem as mais básicas. De fato, é natural que as pessoas procurem, em primeiro lugar, encontrar meios de satisfazer necessidades diretamente relacionadas com sua sobrevivência, como a fome e a sede, e se preocupar com sua integridade física e psicológica. Uma vez resolvidas essas questões, as pessoas passariam a ser motivadas pelo desejo de pertencer a algum grupo, de ser aceitas socialmente e reconhecidas pelas pessoas com que interagem, além de se sentirem realizadas em suas vidas. Por último, encerrando a hierarquia, viriam as necessidades de autorrealização, ou seja, a necessidade de crescer continuamente e de atingir seu potencial como indivíduo.

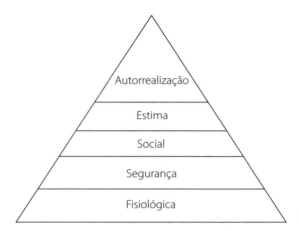

Figura 2. Pirâmide da hierarquia das necessidades de Maslow

No âmbito organizacional, o salário é um dos elementos que permitem fazer com que os trabalhadores tenham satisfeitas suas necessidades fisiológicas e de segurança. Assim, os empregados procuram ganhar um salário que seja suficiente para alimentá-los e protegê-los, e a suas famílias, de modo satisfatório. Além disso, necessitam estar inseridos em um ambiente de trabalho estável e livre de quaisquer tipos de pressões (Stoner e Freeman, 1995). Já no que diz respeito às necessidades sociais e de estima, pode-se dizer que os empregados desejam estabelecer relações de amizade uns com os outros e ser aceitos no ambiente em que atuam. Também querem ter a sensação de que o trabalho que realizam é importante para a organização como um todo, por isso necessitam obter o reconhecimento profissional por parte dos demais. Por último, como os trabalhadores desejam crescer cada vez mais no que realizam, estão sempre dispostos a assumir novas tarefas que lhes imponham algum tipo de desafio.

Alguns estudos na área da administração verificaram, por exemplo, que muitos dos administradores situados em posições mais altas na hierarquia das organizações se preocupam mais com as necessidades de autorrealização (crescimento profissional, atualização de conhecimentos etc.) do que os funcionários de posições mais baixas. Isso ocorre porque as tarefas executadas pelos administradores com cargos mais elevados são mais desafiadoras, autônomas e requerem conhecimentos mais sofisticados do que as realizadas por ocupantes de cargos inferiores, geralmente repetitivas e rotineiras.

A teoria da hierarquia das necessidades, apesar de sua importância para o estudo da motivação, é alvo de críticas por muitos pesquisadores. Segundo Robbins, Judge e Sobral (2010), questiona-se a afirmação de que a motivação é consequência das necessidades ainda não satisfeitas, assim como a ideia de que o movimento em direção a determinado nível de necessidades tenha como pressuposto o fato de que as necessidades localizadas em um nível anterior tenham sido satisfeitas.

Teorias X e Y

As teorias X e Y foram formuladas por Douglas McGregor e constituem dois grupos de suposições sobre como os administradores veem seus subordinados no que concerne ao processo de trabalho. O primeiro grupo tem uma visão bastante negativa sobre o assunto, enquanto o segundo apresenta formulações um tanto otimistas (Stoner e Freeman, 1995).

A teoria X – primeiro conjunto de suposições – afirma basicamente que os indivíduos são seres por natureza preguiçosos, que tendem a rejeitar o trabalho sempre que possível, sendo a segurança o fator mais importante para eles. Por isso, essas pessoas devem ser coagidas a trabalhar, sendo a ameaça de punição a única forma encontrada pelos administradores para fazer com que seus subordinados tentem alcançar seus objetivos.

Já a teoria Y – segundo grupo de suposições – pressupõe que o trabalho é algo tão natural quanto o ato de descansar ou divertir-se, podendo ser realizado voluntariamente. A teoria afirma ainda que as pessoas procuram assumir responsabilidades, sendo o trabalho, na verdade, fonte de satisfação, e não de desgosto para elas.

De acordo com Stoner e Freeman (1995), McGregor assume implicitamente em seu trabalho que as suposições da teoria X levam a uma forma de administração de cunho autoritário, enquanto as que fazem parte da teoria Y levam a uma administração participativa, na qual os empregados são encorajados a crescer em seus trabalhos.

Imagine-se duas organizações com estilos de gestão diferentes. A primeira procura controlar e fiscalizar rigidamente as atividades desenvolvidas por seus membros; e limita as capacidades de participação e desenvolvimento de habilidades das pessoas, por acreditarem seus gestores que o salário é o único elemento que as motiva. Já a segunda organização procura estimular seus membros dos mais diversos escalões a tomarem decisões importantes, a avaliarem seu próprio desempenho, delegando a eles tarefas mais complexas etc. Que organização mais se aproxima das características formuladas pela teoria X e qual a mais próxima das características formuladas pela teoria Y? Pelo descrito no exemplo, as suposições da teoria X levam à forma de administração praticada pela primeira organização, enquanto as da teoria Y levam ao estilo de gestão praticado pela segunda.

Teoria dos dois fatores

Outra abordagem que tem por objetivo estudar a motivação no processo de trabalho é a teoria dos dois fatores, formulada por Frederick Herzberg a partir de pesquisas feitas com profissionais das áreas de contabilidade e engenharia (Stoner e Freeman, 1995). De acordo com os resultados dessas pesquisas, dois conjuntos de fatores distintos levam o indivíduo a ter grande insatisfação ou grande satisfação no trabalho. Os primeiros são os fatores higiênicos e os segundos, os fatores motivacionais.

No que respeita aos fatores de insatisfação, Herzberg considera a política organizacional – objetivos, normas e valores, por exemplo – a mais significativa, seguida por outros fatores, como relacionamento com o supervisor, condições de trabalho, salário, relacionamento com os demais membros da organização, vida pessoal, *status* e segurança. Já entre os fatores que levam à satisfação, encontram-se a realização, o reconhecimento, o trabalho em si, a responsabilidade, o progresso e o crescimento.

Ainda segundo o resultado das pesquisas, os fatores higiênicos e os fatores motivacionais são independentes entre si, o que significa que a ausência dos fatores que levam à insatisfação não implica necessariamente satisfação ou motivação. Da mesma forma, a ausência de algum fator motivacional não leva o indivíduo a ficar necessariamente insatisfeito, embora seu grau de satisfação seja reduzido. Exemplificando: o fato de as condições de trabalho não serem boas não faz com que um indivíduo fique necessariamente insatisfeito, mas sua satisfação com o trabalho certamente será menor.

Segundo Stoner e Freeman, um grande número de pesquisas rejeita as formulações de Herzberg, já que as necessidades variam de indivíduo para indivíduo e de acordo com o tempo. Ainda conforme os autores, algumas críticas ressaltam que pessoas de diferentes países ou culturas provavelmente classificam de forma diferente suas necessidades.

Teoria das necessidades

A teoria das necessidades, formulada a partir dos estudos de David McClelland, apresenta três necessidades socialmente adquiridas que determinam o comportamento do indivíduo em seu ambiente de trabalho e que, por isso, explicam a motivação. São elas, de acordo com Robbins, Judge e Sobral (2010):

- *Necessidade de realização*. Consiste na busca contínua do aperfeiçoamento profissional, no estabelecimento de objetivos e metas que orientem as pessoas em seus trabalhos, e na obtenção de sucesso, seguida do devido reconhecimento.
- *Necessidade de poder*. Manifesta-se a partir do momento em que um indivíduo tenta de alguma forma influenciar outro, fazendo-o praticar alguma ação sob essa influência.
- *Necessidade de afiliação*. É aquela em que a pessoa deseja relacionar-se de forma amigável com seus colegas de trabalho e assim se sentir pertencente a um grupo.

Teoria da expectativa

A teoria da expectativa, formulada por Victor H. Vroom nos anos 1960 (Robbins, Judge e Sobral, 2010), é a mais validada por outros estudos. Essa abordagem considera basicamente que a motivação é fruto de três expectativas diferentes por parte dos empregados:

- *Expectativa de esforço-desempenho*. Refere-se ao grau de esforço que o indivíduo deve despender para bem desempenhar a tarefa a ser realizada.
- *Expectativa de desempenho-recompensa*. Levando-se em consideração o bom desempenho do empregado na realização de seu trabalho, a questão que surge a seguir é: o que ele tem a ganhar com isso? Em outras palavras, essa expectativa refere-se à percepção que um indivíduo tem de que, ao atingir determinado grau de desempenho na consecução de sua tarefa, receberá a recompensa desejada em troca.
- *Expectativa de valência*. A recompensa que o indivíduo recebe como resultado de seu empenho na realização de uma tarefa deve ter algum valor significativo para ele. Uma pessoa só se motiva a realizar algum trabalho se percebe que, em troca, receberá algo que satisfaça alguma de suas necessidades.

Portanto, pode-se dizer que motivação é o resultado da multiplicação de três elementos:

$$M = E \times I \times V$$

onde M = motivação, E = expectativa, I = instrumentalidade e V = valência.

Teoria da equidade

A teoria da equidade, segundo Robbins, Judge e Sobral (2010), tem como pressuposto a ideia de que, numa organização, o indivíduo tende a comparar as recompensas por ele recebidas como fruto de seu esforço no trabalho com as recompensas recebidas por outras pessoas em consequência de esforços semelhantes. Caso a pessoa perceba alguma discrepância nessa relação, ou a falta de equidade, o resultado pode ser sua entrada num estado de tensão negativa, o que pode trazer consequências desagradáveis para a organização. A teoria, portanto, considera que a motivação no trabalho é explicada pela noção daquilo que os funcionários consideram justo ou injusto.

Teoria do reforço

A teoria do reforço, formulada pelo psicólogo B. F. Skinner, tem como ideia principal a afirmação de que o comportamento dos indivíduos em dado momento está relacionado com comportamentos passados que eles assumiram em resposta a determinado evento ambiental (Stoner e Freeman, 1995). Em outras palavras, quando uma pessoa se defronta com algum evento específico (em determinado ambiente), ela responde a esse evento comportando-se de uma certa maneira. Se as consequências desse comportamento forem positivas, provavelmente a pessoa se comportará de forma semelhante quando, no futuro, se defrontar com o mesmo evento, e dará outras respostas se as consequências forem negativas.

Eis um exemplo da teoria no âmbito dos estudos organizacionais: um funcionário, ao receber cobranças relacionadas a alguma tarefa que tenha de cumprir, irá se comportar de determinada forma para atingir seu objetivo (cumprir a tarefa). Se as consequências desse comportamento forem positivas para ele, sempre que receber cobrança semelhante de seu superior tenderá a agir de forma semelhante à anterior. Mas se as consequências forem negativas, a chance é que procure resolver a situação empregando outros meios.

Teorias sobre liderança

O processo de liderança, segundo Bowditch e Buono (1992), tem sido objeto de estudo de áreas como a psicologia social e a administração desde a década de 1930. Antes disso, o assunto era tratado utilizando-se teorias vindas da filosofia e sem dados muito concretos. Ao longo do tempo, as pesquisas e trabalhos sobre o tema passaram a desenvolver teorias para descrever os traços e características básicas dos líderes e o que estes deviam fazer para serem líderes eficazes.

Pode-se definir o processo de liderança, conforme Prentice (apud Maximiano, 1997:176), como "a realização de uma meta por meio da direção de colaboradores humanos. A pessoa que comanda com sucesso seus colaboradores para alcançar finalidades específicas é líder...". Maximiano afirma que é necessário que o líder transmita uma mensagem que esteja de acordo com os problemas e os interesses do grupo, e que seja oferecido por ele algum tipo de recompensa que os componentes do grupo queiram obter.

É importante ressaltar, portanto, que a liderança ocorre de forma espontânea, a partir do momento em que membros de determinado grupo veem na pessoa do líder alguém capaz de lhes oferecer algo que queriam alcançar. A forma pela qual o líder se comunica com o grupo, pois, é bastante importante; seu discurso deve fazer sentido para os integrantes do grupo, e fazer com que percebam que há realmente uma compatibilidade de interesses entre ambos. Vale ressaltar ainda que é fundamental que o líder incorpore o discurso que defende em suas próprias atitudes.

Ao longo do tempo, diversas pesquisas foram desenvolvidas na área organizacional com o objetivo de compreender melhor como membros de determinado grupo são influenciados pela figura de seu líder. Bowditch e Buono (1992) afirmam que as principais teorias sobre liderança podem ser classificadas como: abordagem de traços, perspectiva comportamental ou funcional e visão situacional ou contingencial. Ainda segundo os autores, nenhuma dessas teorias explica o processo de liderança completamente.

Teoria dos traços

A teoria dos traços fundamenta-se na crença de que os líderes possuem certas características pessoais que os diferenciam de seus seguidores, como "inteligência, dominância, autoconfiança, altos níveis de energia e atividade, e conhecimentos relacionados à tarefa" (Stogdill apud Bowditch e Buono, 1992). Assim, ao lermos sobre a teoria dos traços, lembramos imediatamente de grandes líderes mundiais que tinham características marcantes, como Nelson Mandela e Martin Luther King e, no mundo dos negócios, Ken Chenault (presidente da American Express), Luiza Trajano (presidente da rede de varejos Magazine Luiza) e muitos outros.

A teoria dos traços, apesar das críticas, foi bastante importante por dar os primeiros passos no sentido de tentar identificar as características básicas que fazem com que o líder exerça influência sobre seus subordinados. Alguns dos atributos identificados podem de fato estar relacionados com a liderança em situações específicas.

Teoria comportamental ou funcional

Outra contribuição para os estudos sobre liderança foram experiências realizadas com grupos de crianças, durante as décadas de 1930 e 1940, que procuraram avaliar quais os efeitos causados por três diferentes estilos de liderança sobre o desempenho e a satisfação dos integrantes de um grupo (Bowditch e Buono, 1992). Cada grupo tinha como líder um adulto e pôs em prática três estilos de liderança: o autocrático, o democrático e o *laissez-faire* (Maximiano, 1997:190).

- *Autocrático*. Quando as decisões do grupo são tomadas pelo dirigente.
- *Democrático*. Quando as decisões do chefe são tomadas após acordo com o grupo, ou mediante algum tipo de consulta.
- *Laissez-faire*. Estilo liberal de liderança no qual o grupo, sem a participação do chefe ou líder, toma as decisões por consenso.

Conforme Bowditch e Buono (1992), o grupo que apresentou melhor desempenho em termos quantitativos foi o que empregou a liderança autocrática. Mas o grupo sob a direção do líder democrático foi o que obteve melhor desempenho em termos qualitativos, apresentando seus integrantes maior grau de satisfação do que os outros. O grupo com pior desempenho em termos de quantidade, qualidade e satisfação dos membros foi o submetido ao estilo liberal de liderança.

Teorias da liderança situacional

A ideia de que não há um estilo único de liderança que seja mais eficaz do que os outros ganhou espaço mais recentemente na área comportamental, resultando em diversas teorias rotuladas de liderança situacional

(Maximiano, 1997:190). De acordo com Bowditch e Buono (1992), tais perspectivas ressaltam que não há um modo de liderança ideal para toda e qualquer situação, mas, sim, que o estilo mais eficaz de liderança é o contingencial, ou seja, aquele que se ajusta à situação com a qual a empresa se depara em determinado momento.

Ainda segundo Bowditch e Buono, observou-se que, em determinados momentos, o estilo de liderança autoritária (que tinha como principal preocupação a produção) era a mais eficaz, enquanto em outras situações o estilo democrático de liderança (que tinha como preocupação as pessoas) era o ideal. Dessa forma, a perspectiva situacional da liderança, de acordo com os autores, sugere que os líderes mais eficazes são aqueles capazes de adaptar seus estilos de liderança às exigências de um grupo específico. Para tanto, porém, é necessário resolver o problema de como avaliar qual a situação enfrentada pelos líderes na organização (Maximiano, 1997). Duas teorias situacionais tentam solucionar tal problema: o modelo de Fiedler e o modelo de Hersey-Blanchard, explicados a seguir.

O modelo de Fiedler

De acordo com Maximiano (1997), esse modelo foi desenvolvido pelo professor e pesquisador na área de liderança Fred Fiedler – o primeiro a apresentar o modelo da liderança situacional. Para Fiedler, as situações enfrentadas pelos líderes nas organizações podem ser avaliadas a partir de três variáveis que permitem determinar quão favorável é a situação para o líder. São elas, ainda conforme Maximiano:

- *As relações entre o líder e seus seguidores.* A situação será favorável ao líder se os sentimentos dos subordinados com relação a ele forem positivas. No caso de serem hostis, a situação será desfavorável.
- *O grau de estruturação da tarefa.* As tarefas do grupo devem ser muito bem definidas e estruturadas para que a situação seja favorável ao líder, ou seja, deve haver um alto grau de organização e clareza. Se as tarefas forem desorganizadas e imprevisíveis, o líder será desfavorecido.

❏ *O poder da posição.* A situação é favorável ao líder quando este ocupa uma posição de poder na qual pode promover ou remover qualquer membro da equipe e demonstrar aos subordinados sua importância e autoridade. Caso o líder não tenha poder, a situação é desfavorável.

Ainda de acordo com Bowditch e Buono (1992), Fiedler e seus associados descobriram, com base em um grande número de estudos, que nas situações de extrema favorabilidade ou desfavorabilidade situacional – ou seja, quando as três características apresentadas são totalmente positivas ou negativas – o estilo de liderança ideal é o autoritário, ou aquele orientado para a tarefa. Já quando a situação é de favorabilidade intermediária (como no caso de as relações entre o líder e seus seguidores serem boas, mas o poder do líder não se fazer presente em alto grau), o estilo ideal de liderança é o democrático, ou aquele orientado para a pessoa.

O modelo de Hersey-Blanchard

O modelo desenvolvido por Hersey e Blanchard difere do anterior por atribuir mais importância ao subordinado. Nessa perspectiva, portanto, "a maturidade do subordinado, avaliada em termos de grau de capacidade e interesse em fazer um bom trabalho, é a principal característica da situação que qualquer líder enfrenta" (Maximiano, 1997:199). Segundo Maximiano, a maturidade deve ser ainda "analisada em relação a uma tarefa específica, de forma que uma pessoa ou grupo não é jamais imaturo completamente, porque pode dominar diferentes tarefas de forma diferente". Assim sendo, o estilo de liderança varia conforme o nível de maturidade do subordinado. A orientação para o relacionamento (estilo mais democrático) é a ideal nas situações em que esse nível é alto, enquanto a autoridade (estilo mais autoritário) deve ser usada quando há imaturidade por parte dos seguidores.

Abordagens contemporâneas de liderança

Além das teorias de liderança tradicionais, já arroladas, temos outras teorias desenvolvidas mais recentemente, as chamadas *teorias neocarismáticas*.

Essas abordagens mais recentes, segundo Cavalcanti e outros (2005), evitam separar a organização e os líderes do contexto maior em que estão inseridos (o ambiente externo), assim como o homem de seu trabalho. Vale lembrar que as outras abordagens sobre liderança ignoravam o ambiente externo das organizações e só consideravam o que acontecia em seu interior. As teorias contemporâneas de liderança são a liderança visionária, a liderança baseada em princípios e a liderança transformacional.

- *Liderança visionária.* O termo "visão" sempre foi bastante explorado na área da administração. Ele está estreitamente relacionado ao futuro da organização, às oportunidades que surgem no dia a dia desta e aos mecanismos de identificação dessas oportunidades. A liderança visionária é aquela que tem justamente a capacidade de criar uma visão de futuro de longo prazo viável e desejável pelos membros da organização. Essa visão direcionará e influenciará as ações desses membros. Liderança visionária, portanto, é aquela na qual os líderes criam uma visão de futuro que ajuda os membros da organização a atingir seus objetivos e a melhorar a situação atual de forma contínua. Segundo Cavalcanti e outros (2005), líderes brasileiros como Washington Olivetto (fundador e presidente da W/Brasil), Jorge Gerdau (presidente da Gerdau) e Arthur Sendas (presidente das Sendas) tinham enorme interesse em obter resultados positivos, eram apaixonados por suas visões de futuro e acreditavam em si mesmos e em sua visão.
- *Liderança baseada em princípios.* Criada por Stephen Covey em 2002, a liderança baseada em princípios afirma que o papel do líder não pode ser dissociado de sua pessoa. De acordo com Cavalcanti e outros (2005), nessa teoria, o que o líder diz deve ser compatível com seus atos e com o que realiza em sua vida, pois isso estabelece uma relação de confiança entre líder e subordinados. Dessa forma, princípios básicos como a honestidade, a humildade, a coragem e a empatia, se presentes na personalidade dos líderes organizacionais, certamente estarão presentes nos ensinamentos e ideias que eles tentarão passar adiante.
- *Liderança transformacional.* Uma última teoria contemporânea de liderança é a transformacional. De acordo com Cavalcanti e outros (2005:121),

os líderes transformacionais estão focados no "desenvolvimento de pessoas, levando-as a pensar por si mesmas, a trabalhar de forma independente, a dedicar-se a alguma coisa, quer seja uma causa, um produto ou uma ideia [...] e a buscarem padrões de desempenho que vão além de seu próprio cargo". Essa abordagem difere das demais vistas anteriormente (denominadas teorias transacionais), pois aquelas partiam do pressuposto de que o papel dos líderes era apenas motivar os liderados a cumprir as metas estabelecidas (geralmente por meio de recompensas) e fazer com que se comportassem tal como a organização queria. A teoria transformacional, além de se preocupar com o crescimento e o desenvolvimento individuais, provocando uma mudança nos níveis de consciência das pessoas (Cavalcanti et al., 2005), estimula o pensamento crítico dos liderados e o questionamento da visão dos próprios líderes.

Críticas à abordagem das relações humanas

Diversas são as críticas à abordagem humanística da administração nas últimas décadas, como destacaremos a seguir.

Um dos principais críticos da escola de relações humanas e da abordagem humanística da administração é o acadêmico brasileiro Maurício Tragtenberg (1980:28), para quem a escola de relações humanas é "uma teoria, uma prática e uma ideologia" de classe a serviço do capital. Mascarada de cientificidade e sob a retórica da "humanização" no trabalho, é utilizada para manipular indivíduos e grupos na organização, e provocar neles as atitudes que mais convêm à empresa.

Outra forte crítica de Tragtenberg à escola de relações humanas diz respeito à valorização do grupo informal. Para ele, o que ocorre na verdade é a pseudovalorização desse grupo, visto que o principal objetivo da administração é evitar que este ganhe força dentro da organização e que se rebele contra a empresa e os interesses do capital. "Como o informal tem um peso muito grande, e pode ser oposto ao 'formal', Mayo tratou de 'domesticá-lo'," diz Tragtenberg (1980:30), que também destaca a psicologização dos problemas, que oculta os conflitos no nível político. Os conflitos na organização teriam origem nos "desajustes" psicossociais dos indivíduos, e não nas divergências de interesse entre capital e trabalho, patrão e empregados. Dessa forma, a administração conseguiria evitar um "colapso" na indústria enfraquecendo politicamente os grupos. "O que o poder pede à psicossociologia é ocultar os conflitos do nível político, pois o conflito no nível político pressupõe a divisão do poder" (Tragtenberg, 1980:40).

Outras críticas apontam uma ruptura apenas parcial com os postulados da abordagem clássica da administração. Na escola de relações humanas, o homem continua sendo tratado como um ser previsível; permanece a separação entre direção e execução, trabalho intelectual e trabalho manual; a busca pela harmonia administrativa, iniciada por Taylor e Fayol, com base no autoritarismo é mantida com Mayo, agora reforçada pelo uso da psicologia (Tragtenberg, 1977). Elton Mayo também é acusado de ter fundamentado sua pesquisa na recomposição de evidências diretas, e não de um conjunto de hipóteses testadas em relação à realidade, adotando uma postura extremamente empiricista em seus estudos.

Outra crítica ainda à escola de relações humanas diz respeito ao fato de a análise das relações industriais ter se limitado ao intramuros da fábrica. As influências externas sobre o comportamento dos indivíduos são negligenciadas; não há o reconhecimento das forças econômicas e sociais alheias à fábrica e que condicionam o comportamento da administração e dos operários que nela trabalham. Os valores divergentes e os conflitos de interesses entre grupos (classes), decorrentes da posição que cada um ocupa na estrutura das sociedades industriais e nas organizações, também não são reconhecidos nessa abordagem (Parker et al., 1971).

3 Teoria da burocracia

Contexto histórico

A burocracia, apesar de só ter sido estudada e compreendida – ou sistematizada – no plano teórico no início do século XX pelo sociólogo alemão Emil Maximillian Weber (Max Weber), como estrutura organizacional ou sistema de dominação existe desde a Antiguidade, embora com configuração um pouco distinta da burocracia encontrada nas sociedades modernas. Como constata Weber, a organização formal burocrática teve origem no Estado, muito antes de surgir na área privada, embora, segundo ele, se trate de um fenômeno que perpassa a empresa, a Igreja, o partido político e as demais instituições sociais na modernidade. Para Weber (1982:238), são exemplos históricos de burocracias bem desenvolvidas e quantitativamente grandes:

- o Egito, durante o período do Novo Império, com a presença de fortes elementos patrimoniais;
- o principado romano – já perto do fim –, a monarquia diocleciana e o Estado bizantino, com fortes elementos feudais e patrimoniais;
- a Igreja Católica Romana, principalmente a partir de fins do século XIII;
- a China, desde a época de Shi-Hoang-Ti (século XIV), com fortes elementos patrimoniais e prebendários;
- em forma cada vez mais pura, os Estados europeus modernos e todas as empresas públicas, desde a época do absolutismo real, em meados do século XV;
- as grandes empresas capitalistas modernas.

O interesse de Weber era compreender as diferentes formas de dominação social em diferentes sociedades e épocas. Seu foco principal, porém, estava no papel desempenhado pelas organizações burocráticas na criação e manutenção de estruturas de dominação (Morgan, 1996). As diversas formas de organização ao longo da história refletem variadas maneiras de dominação. A burocracia seria uma forma de dominação social predominante nas sociedades ocidentais modernas, embora já existisse em outras épocas, o que mostra sua capacidade de reinvenção e adaptação às transformações socioeconômicas (Tragtenberg, 1977).

Na área da administração, os estudos sobre burocracia tiveram início na década de 1940, quando da tradução para o inglês e para o castelhano da obra *Economia e sociedade* (*Wirtschaft und Gesellschaft*), de Max Weber, na qual o autor desenvolve a sociologia da burocracia. Somente a partir daí os pesquisadores e teóricos desse campo do conhecimento resgataram a sociologia weberiana para melhor compreender as organizações de seu tempo. No Brasil, a obra de Weber foi apresentada ao leitor por Alberto Guerreiro Ramos, em 1946, em um artigo publicado na *Revista do Serviço Público*, do Departamento Administrativo do Serviço Público (Dasp), como um texto de teoria administrativa (Schwartzman, 2003).

Antes de abordarmos a sociologia da burocracia, faz-se necessário identificar o contexto histórico em que foi elaborada, ou seja, as condições sociopolíticas da Alemanha de Weber. Igualmente relevante é discorrer sobre sua "sociologia compreensiva" e os conceitos centrais de sua obra que precedem e fundamentam seu conceito e estudo sobre a burocracia, bem como o recurso metodológico por ele empregado para investigar e compreender os fenômenos sociais.

A Alemanha nos séculos XIX e XX

A Alemanha em que Weber vivia no final do século XIX e início do XX era um país em que emergia um processo tardio de industrialização e que se inseria como competidor no mercado mundial. No país governado pela burocracia do aristocrata prussiano conservador Otto von Bismarck de 1871 a 1890 – responsável pela unificação da moderna Alemanha –, formava-se uma base capitalista industrial, estruturava-se um proletariado cada vez mais consciente e desejoso de participar da política alemã e existia uma burguesia dependente do Estado e sem maturidade política para dirigir o país. Era um período de estruturação de um Estado liberal democrático que conduziria o país ao desenvolvimento econômico industrial.

No início do século XX, o país, cujas bases econômicas eram predominantemente agrárias, passou a ter uma economia industrial forte, o que influenciou a formação urbana e a migração da mão de obra do campo para as cidades. Diante desse quadro, Weber realizou diversas pesquisas visando compreender os processos de seleção e a adaptação dos operários nas grandes indústrias.

Weber verificou uma crescente burocratização dos partidos políticos nos Estados Unidos, na Inglaterra e na Alemanha, o que o levou a estudá-los. Estabeleceu um paralelo entre democracia, por ele entendida como um mecanismo restrito de eleição e legitimação de lideranças políticas qualificadas por meio do voto popular, e burocracia. Ao mesmo tempo que entendia a burocracia como uma forma de administração que garantia a racionalidade contra a tirania e o despotismo, via na sua superioridade técnica um risco à liberdade e aos valores da democracia liberal, da qual era defensor, na medida em que esta podia sancionar novas arbitrariedades legitimadas pelo caráter racional e legal das ações daqueles que controlam sua estrutura. Para ele, no âmbito do Estado, o poder burocrático tendia a desconsiderar ou abolir as funções políticas do Parlamento e a proclamar para si a representação dos interesses da nação, subordinando a massa ao seu poder. Era necessário, para Weber, impor limites ao poder da burocracia, que ele entendia como um grupo político fechado que defendia interesses próprios (estamento). Os burocratas, para o autor, não possuíam a competência necessária para considerar critérios políticos juntamente com critérios técnicos e econômicos em suas tomadas de decisão, e isso poderia levar à ineficiência da ação do Estado na condução da nação.

Ao constatar esses fatos político-econômicos na nova Alemanha capitalista industrial, Weber realizou estudos sobre a dominação social burocrática e estabeleceu relações entre a burocracia e a política.

A sociologia compreensiva

Weber desenvolveu vários elementos da sociologia no contexto alemão de 1913-1914, momento importante do debate metodológico dessa área do conhecimento ainda incipiente. Foi defensor de uma atitude antipositivista nas ciências sociais, influenciado pelos filósofos da época do romantismo e pelos filósofos neokantianos, que estabeleceram algumas distinções entre ciências humanas e da natureza. Uma importante distinção (dicotomia) foi formulada pelo filósofo e historiador Wilhelm Dilthey entre *explicação* (*Erklären*) e *compreensão* (*Verstehen*). Para ele, a explicação tem uma conotação metodológica mecanicista e positivista, sendo própria das ciências naturais; já a compreensão tem uma conotação hermenêutico-filosófica, própria das ciências do espírito ou das ciências humanas. A compreensão é a apreensão do sentido, enquanto a explicação é o estabelecimento de relações objetivas de causa e efeito, ancorada em métodos hipotético-dedutivos, e que reduz os fatos a leis universais. Sendo assim, para esse filósofo, o homem devia ser compreendido e a natureza, explicada.

Em contraposição ao positivismo, que predominava nas ciências sociais (especialmente com Durkheim) e nas ciências da natureza, cuja base epistemológica e metodológica funda-se na descrição "objetiva" dos fenômenos sociais observáveis e na *explicação* das relações causais entre os fenômenos, Weber propôs uma sociologia compreensiva, ou seja, uma ciência que tinha por objetivo *compreender* e *interpretar* a sociedade e seus fenômenos a partir do sentido que o indivíduo, como ator social, atribui às suas ações (sociais), bem como o desenvolvimento e o efeito de suas condutas socialmente orientadas (Quintaneiro, Barbosa e Oliveira, 2002). Cabe à sociologia, portanto, captar e interpretar a conexão de sentido da ação social, individual ou coletiva. O conhecimento sociológico não pode ser uma reprodução ou uma cópia integral da realidade, uma vez que não tem por base as conexões objetivas entre as coisas, mas as conexões conceituais entre os problemas que se propõe a investigar.

Weber faz, dessa forma, distinção entre ciências da natureza e ciências sociais (entendidas por ele como ciência da cultura), vinculando a esta última os elementos da realidade e os acontecimentos a que o ser humano, como indivíduo, atribui significados, concebendo a realidade como uma ordenação de categorias subjetivas (Tragtenberg, 1977).

Em Weber, a sociedade é vista como um conjunto de esferas autônomas – econômica, religiosa, política, jurídica, social, cultural –, que se influenciam mutuamente[10] e nas quais ocorrem lutas constantes pela atribuição de sentido às ações sociais e às relações de dominação. Cada esfera social tem uma lógica própria de funcionamento que produz uma ordem que regula a ação social dos sujeitos. As ações e relações sociais que se estabelecem estão ancoradas em uma teia de sentidos construídos e compartilhados intersubjetivamente pelos indivíduos no curso de suas interações cotidianas.

Para Weber, há uma forte relação entre ciências históricas e ciências sociais. Segundo Aron (1990:469-470):

> Nas ciências da realidade humana deve-se distinguir duas orientações: uma no sentido da história, do relato daquilo que não acontecerá uma segunda vez, a outra no sentido da sociologia, isto é, da reconstrução conceitual das instituições sociais e do seu funcionamento. Estas duas orientações são complementares. Max Weber nunca diria, como Durkheim, que a curiosidade histórica deve subordinar-se à investigação de generalidades. Quando o objeto do conhecimento é a humanidade, é legítimo o interesse pelas características singulares de um indivíduo, de uma época ou de um grupo, tanto quanto pelas leis que comandam o funcionamento e o desenvolvimento das sociedades [...] A ciência weberiana se define, assim, como um esforço destinado a compreender e a explicar os valores aos quais os homens aderiram, e as obras que construíram.

O autor extrai da história a ideia de descrição das especificidades ou traços singulares de um determinado fenômeno e do acúmulo de dados históricos para caracterizá-lo; e das ciências sociais, a interpretação do

---

[10] Weber, em sua obra *A ética protestante e o espírito do capitalismo*, por exemplo, demonstrou a influência da esfera religiosa, notadamente o protestantismo (ascetismo cristão puritano), juntamente com a evolução da ciência a partir do Iluminismo, na esfera econômica, engendrando o capitalismo racional nas sociedades ocidentais.

sentido da ação social e a compreensão do funcionamento das instituições sociais.

O recurso metodológico: tipo ideal

Weber concebe a realidade como inesgotável e infinita e considera que o conhecimento dessa realidade complexa é limitado. Apenas um fragmento da realidade pode ser objeto de compreensão científica. Para ele, a realidade social não pode ser apreendida em sua totalidade e complexidade, apenas representada de forma simplificada, como mera abstração conceitual. Para Weber, a captação dos sentidos da ação humana não poderia ser feita exclusivamente por meio dos métodos oriundos das ciências naturais, nas quais o positivismo imperava. Os fenômenos sociais deveriam ser compreendidos em sua especificidade e, para tanto, desenvolveu o recurso metodológico denominado tipo ideal.

O tipo ideal é um recurso metodológico, um constructo de pureza conceitual utilizado por Weber para caracterizar um fenômeno social. Esse fenômeno "idealmente" caracterizado, puro, não existe na realidade concreta senão como abstração, pois nenhum conceito ou método pode reproduzir integralmente o real ou a totalidade de um fenômeno. São tipificações meramente conceituais construídas para fins de análise sociológica. Um conceito ideal típico é "um modelo simplificado do real, elaborado com base em traços considerados essenciais [...] segundo os critérios de quem pretende explicar um fenômeno" (Quintaneiro, Barbosa e Oliveira, 2002:113). Com a formulação do tipo ideal, é possível situar os fenômenos em sua relatividade, apreendendo-os com base na maior ou menor aproximação em relação às características descritas no conceito ideal típico.

O pesquisador, para formular adequadamente o tipo ideal sociológico, deve acumular dados históricos sobre o fenômeno. Para Weber (2004), a construção dos conceitos sociológicos deve se basear na coleta de dados e na interpretação das realidades de ação consideradas importantes do ponto de vista histórico.

Vale dizer que, erroneamente, na teoria das organizações, Max Weber tem sido chamado de "ideólogo" da burocracia, quando na verdade o sociólogo era seu crítico. Um dos fatores que conduzem a esse erro é a compreensão inadequada da expressão "tipo ideal" por ele empregada, que nada mais é do que uma ferramenta metodológica, e não o melhor modelo a ser seguido. A esse respeito, Morgan (1996:355) destaca:

> Muitas das interpretações errôneas [dentro da teoria organizacional] relacionam-se ao fato de que Weber utiliza o conceito de "ideal" em um sentido próximo de "melhor". Desse modo, Weber é frequentemente visto como endossando a burocracia como o melhor tipo de organização. Isto é absolutamente impreciso. Weber era cético quanto aos méritos da burocracia, e de modo algum pretendia que este conceito fosse usado dessa maneira.

Sendo assim, deve-se compreender que um tipo ideal não é ideal no sentido de sua realização ser desejável. É ideal somente no sentido lógico. Não se pode afirmar, como muitos afirmam, que Weber era defensor da burocracia como forma de organização e dominação social.

Desencantamento do mundo, racionalização e modernização da sociedade

O conceito de desencantamento do mundo é fundamental para a compreensão do mundo ocidental dos últimos séculos. Trata-se de um processo histórico em que ocorre a mudança de visão e de formas de explicação mágico-mítica e intuitiva do mundo para uma visão e explicação racionalizada e intelectualizada. Esse processo deve-se a dois fatores, um de ordem religiosa e outro de ordem científica:

- *De ordem religiosa.* Consiste no ascetismo intramundano que culmina e se propaga com a reforma protestante do século XVI, cuja doutrina possibilitou o "deslocamento da via de salvação da fuga do mundo contemplativa para a transformação do mundo ascético-ativa" (Pierucci, 2003:98), uma "desmagificação" da busca pela salvação, ou seja, a racionalização e intelectualização da prática religiosa, determinando a conduta cotidiana de seus praticantes. Identifica-se aí, nos termos de

Quintaneiro, Barbosa e Oliveira (2002:141), "a racionalização da conduta promovida por um sistema ético".[11]
- *De ordem científica.* Dispensa qualquer explicação ético-religiosa do mundo e possibilita o desenvolvimento técnico, econômico e racional da sociedade.

O desencantamento do mundo weberiano está diretamente relacionado ao processo de racionalização da vida, que pode ser identificado em suas formas mais avançadas nas sociedades ocidentais de sua época. Para Habermas (1994), o processo de racionalização da vida é um fenômeno-chave para explicar o surgimento da sociedade moderna. Para Adorno e Horkheimer (2000), esse processo tem como marco histórico principal o Iluminismo, que engendrou o desenvolvimento tecnocientífico e contribuiu para a disseminação e a consolidação da lógica formal, da calculabilidade do mundo, da racionalização dos sistemas produtivos no Ocidente, com consequências em todos os aspectos da vida (econômico, religioso, entre outros), e o desenvolvimento de formas de organização burocratizadas. A marca distintiva das sociedades ocidentais, para Weber, é a inexorabilidade da racionalização em todas as esferas da vida.

Ação social e racionalidade

Valendo-se do recurso da conveniência metodológica tipo ideal, Weber criou uma tipologia da ação social. Por ação social Weber entendia toda conduta humana dotada de significado, atribuído por quem a executa, e que orienta essa ação, sendo tal orientação voltada para a ação de outro

---

[11] Max Weber, em *A ética protestante e o espírito do capitalismo*, identifica na ética protestante calvinista um "espírito capitalista" impulsionado pela organização metódica e racional da vida cotidiana dos seguidores dessa doutrina. O ascetismo cristão puritano, que outrora fugia do mundo e era praticado em sua plenitude nos mosteiros, embora exercesse influência psicossociológica na sociedade, estabelecendo normas e padrões morais, a partir da Reforma passou a ser intramundano, interferindo diretamente nas questões da vida diária das pessoas. Dessa forma, interferia de modo eficiente na rotina de seus praticantes, transformando o trabalho em uma forma de adoração ao Senhor, promovendo o espírito do capitalismo e consolidando uma nova ordem social.

agente, individual ou coletivo. A ação social, segundo Weber, é determinada racionalmente ou não, sendo enquadrada por ele em uma escala classificatória que se estende da conduta racionalmente orientada até a conduta não racional.

> A ação social pode ser determinada: 1) de modo racional referente a fins: por expectativas quanto ao comportamento de objetos do mundo exterior e de outras pessoas, utilizando essas expectativas como "condições" ou "meios" para alcançar fins próprios, ponderados e perseguidos racionalmente, como sucesso; 2) de modo racional referente a valores: pela crença consciente no valor – ético, estético, religioso ou qualquer que seja sua interpretação – absoluto e inerente a determinado comportamento como tal, independentemente dos resultados; 3) de modo afetivo, especialmente emocional: por afetos ou estados emocionais atuais; 4) de modo tradicional: por costume arraigado [Weber, 1999:15].

Nota-se que Weber estabelece uma dicotomia entre o racional e o irracional em sua tipologia para a compreensão da ação social. Para ele, uma ação é racional quando é orientada para um objetivo ou um conjunto de valores claramente formulados e logicamente consistentes; quando há uma adequação eficiente entre meios e fins. Já a ação irracional seria aquela destituída de objetivo claramente formulado e logicamente consistente e movida por afeto ou por mero costume.

Embora o autor faça distinção entre dois tipos de racionalidade – a referente a fins e a referente a valores –, sua preocupação principal é com a primeira. Para Weber (1999:16), "age de maneira racional referente a fins quem orienta sua ação pelos fins, meios e consequências secundárias, 'ponderando' racionalmente tanto os meios em relação às consequências secundárias, [quanto] os diferentes fins possíveis entre si".

A racionalidade referente a fins, que na literatura atual é também chamada de racionalidade formal ou instrumental, tem caráter utilitário e funcional e funda-se no cálculo dos meios adequados para atingir os fins individuais ou coletivos desejados (Ramos, 1989). No capitalismo, essa racionalidade decorre da "calculabilidade precisa de seus fatores técnicos mais importantes", o que implica dependência da ciência ocidental (Weber, 1996:9-10). Resumidamente, a ação social referente a fins implica: a expectativa de comportamento extrínseco ao indivíduo; a associação eficiente entre meios e fins, entre os fins entre si e entre o fim e as consequências da ação; a previsibilidade e o máximo controle das consequências, pelo sujeito da ação, sobre o meio no qual esta será realizada.

Weber alerta, contudo, que muito raramente a ação social se dá exclusivamente por uma ou outra racionalidade, comportando em geral as duas (as referentes a fins e a valores), embora na sociedade ocidental moderna e no sistema capitalista predomine a racionalidade referente a fins – ou instrumental (Fernandes, 2008). A conduta plural e reciprocamente orientada, dotada de conteúdos significativos e cujo sentido seja partilhado pelas pessoas envolvidas, fazendo com que essas pessoas ajam de determinado modo em certo período de tempo é denominada por Weber relação social. Quanto mais racionais forem as relações sociais, mais facilmente poderão se basear em normas.

Poder, dominação, autoridade e legitimidade

Max Weber compreendia a sociedade, em suas múltiplas esferas autônomas e interdependentes, como um espaço em que os agentes sociais estabelecem relações de poder. O poder, para Weber (1999:33), "significa toda a probabilidade de impor a própria vontade numa relação social, mesmo contra resistências, seja qual for o fundamento dessas legitimidades". Quando o poder é exercido em bases consideradas legítimas, ou seja, quando há a aceitação social de uma autoridade e a crença nos seus fundamentos, temos uma relação de dominação legítima.

Dominação é "a probabilidade de encontrar obediência a uma norma de determinado conteúdo, entre determinadas pessoas indicáveis" (Weber, 1999:33). Implica o estabelecimento de relações sociais em que se verifique o par autoridade-obediência. A dominação, para ser legítima, requer a vontade de obedecer e o interesse na obediência. Para Weber, a dominação ocorre conforme o tipo de autoridade e seu fundamento de legitimidade, podendo a autoridade ser de três tipos:

- *Autoridade tradicional.* Ocorre "quando sua legitimidade repousa na crença na santidade de ordens e poderes senhoriais tradicionais ('existentes desde sempre')" (Weber, 1999:148). Tem como fundamento que a legitima os costumes sociais, as crenças e as tradições religiosas de uma cultura. Como exemplo desse tipo de autoridade tem-se o poder dos patriarcas e anciãos nas sociedades antigas e do senhor feudal. Existem inúmeros tipos de exercício de dominação por uma autoridade tradicional, entre os quais podem ser destacados a gerontocracia (governo em que o poder é exercido pelos mais velhos), o patriarcalismo (casos em que o poder é determinado pelo pertencimento a uma determinada família, por regras de sucessão), o feudalismo e o patrimonialismo (inseparabilidade entre as esferas pública e privada).
- *Autoridade carismática.* Baseada na crença nas características pessoais e qualidades excepcionais de um indivíduo (carisma, graça). Profetas, heróis e guerreiros exemplificam esse tipo de autoridade.
- *Autoridade racional-legal.* Calcada em regras e normas estabelecidas por um regulamento reconhecido e aceito por todos os membros de uma dada comunidade (Motta e Vasconcelos, 2002).

Deve-se compreender as três autoridades descritas por Weber como tipos ideais e, por isso mesmo, considerar a possibilidade de um ou mais tipos coexistirem em um mesmo espaço ou estrutura social, em um mesmo período de tempo. O autor afirmava que, nas sociedades ocidentais modernas, embora houvesse uma tendência ao predomínio da autoridade racional-legal, possivelmente os outros dois tipos de autoridade também estariam presentes, ainda que em menor grau que outrora.

Burocracia e dominação

A burocracia pode ser considerada uma estrutura de relações sociais de dominação que tem como base de legitimidade a crença na racionalidade e no sistema jurídico-normativo como elementos estruturantes de tais relações. Trata-se de um sistema de condutas significativas (Tragtenberg, 1977), em que predomina a ação social com base em fins, ou seja, em que a racionalidade instrumental orienta a ação e as relações sociais nessa estrutura.

Para Weber, a burocracia é a forma mais eficiente de dominação social. A organização burocrática seria uma das formas de expressão do processo de racionalização das sociedades ocidentais. A superioridade técnica da burocracia sobre qualquer outra forma de organização é um dos fatores que explicam sua predominância nos dias de hoje. Todas as instituições, quaisquer que sejam as suas finalidades, tendem a se estruturar racionalmente como burocracias.

> É a forma mais racional de exercício da dominação, porque nela se alcança tecnicamente o máximo de rendimento em virtude de precisão, continuidade, disciplina, rigor e confiabilidade, intensidade e extensibilidade dos serviços, e aplicabilidade formalmente universal a todas espécies de tarefas [...] Toda nossa vida cotidiana está encaixada nesse quadro [Weber, 1999:145].

Desse modo, ela deixa de se restringir apenas ao mundo das organizações estatais e privadas, expandindo-se para praticamente todos os campos da vida humana associada.

Como aparato, a burocracia é o meio que transforma uma relação comunitária em relação associativa racionalmente ordenada. Weber (1999:25-27) explica que uma relação comunitária se dá quando uma "ação social repousa no sentimento subjetivo dos participantes de pertencer (afetiva ou tradicionalmente) ao mesmo grupo". Já a relação associativa racional ocorre quando a ação funda-se "num ajuste ou numa união de interesses racionalmente motivados (com referência a valores ou fins)". A burocracia, portanto, é um instrumento de socialização de relações de poder.

> A estas situações [dominação tradicional, carismática e racional-legal] correspondem os tipos fundamentais "puros" da estrutura da dominação, de cuja combinação, mistura, adaptação e transformação resultam as formas que encontramos na realidade histórica. Quando a ação social de uma formação de dominação se baseia numa relação associativa racional, encontra seu tipo específico na "burocracia" [Weber, 1999:198].

Weber vê a burocratização do mundo como um processo irreversível, e a burocracia como um instrumento de dominação nas mãos do homem, instrumento do qual o indivíduo não consegue escapar. Weber (1999:540) utiliza a expressão "jaula de ferro" para denotar sua inexorabilidade: "Diante dos outros portadores históricos da moderna ordem racional da vida, a burocracia destaca-se por ser inescapável em muito maior grau".

Weber (1982:150) utiliza ainda a metáfora da máquina para explicar a burocracia: "O mecanismo burocrático plenamente desenvolvido compara-se às outras organizações exatamente da mesma forma que a máquina se compara aos modos não mecânicos de produção".

A burocracia seria uma máquina inanimada que coagula o espírito humano e ameaça a liberdade humana, ao submeter impiedosamente o homem à rotina e à monotonia, sem que dela se possa escapar.

> Espírito coagulado é também aquela máquina animada representada pela organização burocrática, com sua especialização do trabalho profissional treinado, sua delimitação das competências, seus regulamentos e suas relações de obediência hierarquicamente graduadas. Aliada à máquina morta, ela está ocupada em fabricar a forma externa daquela servidão do futuro à qual, talvez um dia, os homens estarão obrigados a submeter-se sem resistência [Weber, 1982:541-542].

Características da burocracia

Para Weber (1982:229), a burocracia moderna funciona da seguinte maneira:

- Rege o princípio de áreas de jurisdição fixas e oficiais, ordenadas de acordo com regulamentos, ou seja, leis e normas administrativas.
- Os princípios da hierarquia dos postos e dos níveis de autoridade significam um sistema firmemente ordenado de mando e subordinação, no qual os postos inferiores são supervisionados pelos superiores. Esse sistema oferece aos governados a possibilidade de recorrer de uma decisão de uma autoridade inferior para a autoridade superior, de uma forma regulada com precisão.

❑ A administração de um cargo moderno baseia-se em documentos escritos (os arquivos), preservados em sua forma original ou em esboço.
❑ A administração burocrática, ou pelo menos toda a administração especializada – caracteristicamente moderna –, pressupõe habitualmente um treinamento especializado e completo.
❑ Quando o cargo está plenamente desenvolvido, a atividade oficial exige a plena capacidade de trabalho do funcionário, a despeito de o tempo de permanência na repartição que lhe é exigido ser rigorosamente delimitado.
❑ O desempenho do cargo segue regras gerais, mais ou menos estáveis, mais ou menos exaustivas, e que podem ser aprendidas. O conhecimento dessas regras representa um aprendizado técnico especial, ao qual se submetem os funcionários. Envolve jurisprudência, ou administração pública ou privada.

A primeira característica mencionada refere-se a um fator elementar no que diz respeito ao fenômeno burocrático, fator que está relacionado diretamente à própria racionalidade a ele inerente, a racional-legal: o funcionamento de qualquer estrutura burocrática deve basear-se em um sistema de regras e normas explícitas e aceitas por todos os seus integrantes e que tem como objetivo a regulação do comportamento humano naquele espaço. Em outras palavras, as organizações procuram, por meio do estabelecimento de regras e normas administrativas, exercer o controle sobre seus integrantes, de modo que a conduta destes seja a mais previsível possível. Assim, as organizações tentam permanentemente reduzir as incertezas e aumentar a estabilidade em seu interior, o que é feito por meio do exercício do controle e da imposição de regras e normas válidas para todos.

De acordo com Weber (1982), as atividades fundamentais sem as quais não é possível atingir os objetivos de determinada estrutura burocrática devem ser distribuídas oficialmente aos integrantes da referida estrutura, e estes devem executá-las de forma fixa, ou seja, devem ser especializados na realização daquelas atividades. Nesse sentido, a qualificação dos indivíduos é essencial e prevista no regulamento organizacional. A estrutura burocrática ainda prevê a distribuição de autoridade, que se faz necessária para que sejam realizadas essas atividades regulares, ou seja, alguns indivíduos e grupos dispõem de recursos de poder legitimados pelas normas da organização e que permitem a eles dar ordens a outras pessoas. Tais recursos podem ser de natureza coercitiva (como um chefe que ameaça suspender ou demitir seu funcionário por alguma razão específica), física (característica de organizações como prisões e manicômios) etc. É importante ressaltar, porém, que qualquer que seja o recurso de poder de indivíduos e grupos para exercerem sua autoridade, este deve estar legitimado e delimitado pelas normas organizacionais.

Com relação à segunda característica, nas organizações há diversos níveis de autoridade, que aumentam conforme se vai subindo na escala hierárquica. Isso significa um sistema firmemente ordenado de mando e subordinação, no qual os postos inferiores são subordinados aos superiores, e que dá aos subordinados a possibilidade de recorrer de uma decisão de uma autoridade inferior a uma autoridade superior, de um modo regulado com precisão.

Quanto à comunicação estabelecida nas estruturas burocráticas e à administração dos cargos nelas existentes, Weber (1982) afirma que devem se basear em documentos escritos. Isso significa que tudo o que estiver relacionado ao funcionamento da organização (inclusive as próprias regras e normas que regulam a vida organizacional) deve estar registrado formalmente e devidamente arquivado. Evidentemente, cabe aqui contextualizar essa afirmação de Weber e lembrar que, na atualidade, praticamente todas as organizações redigem seus comunicados e documentos em meio eletrônico, diferentemente do que ocorria na época do autor. É comum, por exemplo, que pessoas de diferentes setores de uma mesma organização se comuniquem por e-mails, ou que a direção de uma empresa transmita comunicados oficiais ao restante do quadro de funcionários por esse mesmo meio. Independentemente disso, o importante é entender que, em qualquer organização burocrática, tudo deve estar devidamente registrado e arquivado para que seja considerado oficial e válido.

Outra característica extremamente importante das organizações burocráticas é a separação explícita das esferas pública e privada, algo que difere dos antigos modelos de administração, fundamentalmente marcados pelo patrimonialismo. Para Weber (1982:139):

A burocracia segrega a atividade oficial como algo distinto da esfera da vida privada. Os dinheiros e o equipamento público estão divorciados da propriedade privada da autoridade. Essa condição é, em toda parte, produto de um longo desenvolvimento. Hoje em dia, é observada tanto no setor público como na iniciativa privada; nesta última, o princípio se estende até mesmo ao empresário. Em princípio, o escritório executivo está separado da residência, a correspondência comercial é separada da pessoal, e os bens da empresa são distintos das fortunas privadas.

Como já visto, o modelo burocrático de administração pressupõe que todos os funcionários que atuam nas diversas organizações (pertencentes às esferas pública e privada) sejam qualificados para o exercício de funções específicas. Em outras palavras, as organizações burocráticas buscam indivíduos aptos a nelas trabalhar, e estes devem provar que de fato estão capacitados para tanto por meio de processos seletivos específicos. Mas para que um funcionário possa aperfeiçoar suas habilidades continuamente, é necessário também que a administração burocrática, de acordo com o princípio da especialização, proporcione a seus funcionários, de tempos em tempos, um "treinamento especializado e completo" (Weber, 1982:139).

Dessa forma, estando um cargo específico devidamente preenchido, a atividade a ele inerente deve exigir, de acordo com Weber (1982:139), a "plena capacidade de trabalho do funcionário". Isso significa, entre outros aspectos, que o funcionário deve se dedicar exclusivamente àquela atividade oficial que exerce na organização, pelo menos durante o período de tempo (por exemplo, horas/dia) por ela estabelecido e/ou delimitado.

Por fim, a última característica listada por Weber (1982:139) diz respeito às regras ou diretrizes que orientam as ações dos indivíduos nas organizações. Como já dito quando explicamos a primeira característica, as regras e normas organizacionais funcionam como um mecanismo de controle do comportamento dos indivíduos, pois procuram, acima de tudo, estabelecer de forma explícita aquilo que pode ou não ser feito na empresa. Com base nessa jurisprudência organizacional, pode-se também impor punições aos que transgridem alguma dessas regras. Assim, a organização, por meio de um conjunto de regras oficiais por ela estabelecido, busca uma maior previsibilidade do comportamento humano, a fim de evitar problemas que possam provocar qualquer tipo de turbulência em sua rotina administrativa.

Weber (1982:139), contudo, afirma que tais regras e normas organizacionais são "mais ou menos estáveis", por não se manterem totalmente inalteradas ao longo do tempo, ou seja, não serem imutáveis. Ainda que, para uma maior estabilidade da organização, o ideal seja que as regras perdurem durante o maior período de tempo possível, é necessário que os gestores, de tempos em tempos, alterem algum elemento contido nas regras, principalmente para que se mantenham atualizadas e, dessa forma, não sejam passíveis de questionamento por parte dos membros organizacionais. O autor afirma também que as regras são "mais ou menos exaustivas", uma vez que é impossível para os gestores formular regras que tratem de todas as situações que podem ocorrer dentro das organizações. Por isso, ao se depararem com uma situação inusitada, decorrente da ação de algum indivíduo e que cause algum tipo de transtorno à vida organizacional, os gestores procuram alterar a regra exatamente para incorporar essa nova situação e restaurar a normalidade na organização.

Ainda é necessário discutir algumas observações de Weber (1982:140) acerca da posição do funcionário na organização em que atua. Primeiramente, o autor afirma que "a ocupação de um cargo é uma 'profissão'". Ou seja, o preenchimento de um cargo qualquer em uma organização significa "a aceitação de uma obrigação específica de administração fiel, em troca de uma existência segura". Assim, o autor ressalta que, nas organizações burocráticas, a lealdade do funcionário para com o seu empregador é "dedicada a finalidades impessoais e funcionais", ou seja, difere do tipo de relação senhor feudal-servo, típica do modelo patrimonialista, em que a lealdade do segundo para com o primeiro se dava com base na tradição e, portanto, perdurava para sempre. No Estado moderno burocrático, a obediência do funcionário aos seus superiores restringe-se à esfera organizacional, e a aceitação das obrigações inerentes ao cargo por ele ocupado ocorre em troca de uma remuneração em forma de salário. Nesse sentido, para Weber (1982:143):

> O funcionário recebe a compensação pecuniária regular de um salário normalmente fixo e a segurança na velhice representada por uma pensão. O salário

não é medido como uma remuneração em termos de trabalho feito, mas de acordo com a hierarquia, ou seja, segundo o tipo de função (o grau hierárquico) e, além disso, possivelmente, segundo o tempo de serviço [...].

Por fim, Weber (1982:143) ressalta que um funcionário pode se mover na hierarquia da organização, passando de "cargos inferiores e de menor remuneração para os postos mais elevados", ou seja, as organizações burocráticas possibilitam a seus funcionários "uma carreira dentro da ordem hierárquica" da estrutura organizacional.

Críticas e desenvolvimentos posteriores à teoria da burocracia

A teoria da burocracia vem sofrendo muitas críticas ao longo do tempo por parte de pesquisadores e estudiosos do tema. Em sua maioria, essas críticas concentram-se no que se convencionou chamar de "disfunções burocráticas" – o prejuízo causado pelas anomalias de funcionamento da burocracia para atingir os objetivos organizacionais. Também são feitas críticas no que tange às consequências negativas da atuação das estruturas burocráticas – organizações formais, nesse caso – sobre os indivíduos. Muitas das críticas à teoria estão centradas nas características descritas com base na metodologia tipo ideal adotada por Weber. Nesses casos, o "tipo ideal" é mal compreendido pelos críticos da área da administração, levando à interpretação errônea de que a burocracia estudada por Weber tratava-se de um modelo "melhor" ou "desejável" pelo sociólogo. O próprio Weber, ao analisar a burocracia como estrutura de dominação, preocupou-se com as consequências sociais de sua proliferação e de seu efeito sobre o homem, constatando que esta corroía o espírito humano e a capacidade de ação espontânea, não se podendo dela escapar por esta ser uma verdadeira "jaula de ferro", como dizia. Weber (1982) ainda identificou a extensão e o predomínio da burocracia nas sociedades ocidentais modernas como uma ameaça à liberdade do homem e à democracia e, por esse motivo, defendia que fosse controlada pelo Parlamento. Logo, sua análise sobre o fenômeno burocrático transcendeu os limites das organizações formais. Motta (1979) afirma que os estudos sobre a burocracia meramente no âmbito da administração são limitados justamente por terem sido incapazes de compreendê-la como categoria de poder historicamente situada, tal como fez Weber.

Uma das principais críticas à burocracia diz respeito ao seu potencial de análise das organizações concretas, devido à aplicação do método do tipo ideal, utilizado por Weber, ter sido interpretada de forma muito estrita. Weber estudou a burocracia considerando-a um tipo ideal, uma contribuição conceitual utilizada para definir uma forma pura, mais do que um objetivo a ser alcançado, já que nenhuma organização corresponderia ao modelo burocrático puro.

Até o início da década de 1960, as organizações eram consideradas burocráticas quando tinham características do tipo ideal de Weber. Posteriormente, o estudo da burocracia começou a ser efetuado segundo a ideia de um *continuum*, ou seja, a burocracia passou a ser analisada em várias dimensões organizacionais, supondo-se que cada dimensão está presente, em maior ou em menor grau, em uma organização (Hall, 1978). Nesse sentido, o Grupo de Aston[12] influenciou os estudos da teoria organizacional, tanto pela contribuição prestada ao estudo da burocracia sob a forma de um *continuum* quanto pelo uso de uma metodologia que tornou viável a comparação de organizações de diferentes culturas. Segundo Rodrigues e Sá (1984), esse esquema conceitual e metodológico possibilitou a verificação das relações entre contexto (tamanho e dependência) e estrutura (formalização, centralização e especialização).

Hall (1978:33) propôs que as organizações burocráticas fossem estudadas em seis dimensões que considerava cruciais, com base na importância teórica do termo e na frequência da citação por diversos autores, como segue:

> 1) divisão do trabalho baseada na especialização funcional; 2) uma definida hierarquia de autoridade; 3) um sistema de procedimentos que ordenam a atuação no cargo; 4) um sistema de normas englobando os direitos e deveres

---

[12] Os trabalhos do Grupo de Aston serão apresentados no capítulo 5.

dos ocupantes do cargo; 5) impessoalidade das relações interpessoais; e 6) promoção e seleção segundo a competência técnica.

Em trabalho posterior, Hall (2004) sintetizou as dimensões estruturais da organização utilizando um esquema conceitual que separa as variáveis organizacionais básicas (complexidade, formalização e centralização) dos seus fatores determinantes (tamanho, tecnologia, ambiente e escolha estratégica). Também analisou componentes fundamentais para a compreensão dos processos ou ações organizacionais. O autor divide esses processos em fatores específicos: poder e conflito, liderança e tomada de decisão, comunicações, e mudança e inovação.

A organização burocrática firmou-se como predominante nas sociedades modernas, onde podem ser encontradas formas organizacionais mais burocráticas em algumas dimensões e menos burocráticas em outras. Esse fato pode decorrer de uma série de fatores, como tipo de atividade desenvolvida pela organização, tecnologia adotada, tamanho e ambiente organizacional. Mesmo havendo diferenças quanto ao grau de burocratização nas diversas dimensões, essas organizações contemplam relações de trabalho e de produção específicas, resultantes das características gerais do modelo burocrático. Essas relações dizem respeito a dois aspectos: a) a organização e a divisão do trabalho é realizada pela cúpula administrativa, sendo, consequentemente, anterior à participação dos membros no processo produtivo; b) a separação dos membros da organização dos resultados da produção, pois, em geral, a propriedade dos meios de produção é particular.

O modelo burocrático de organização tem sido objeto de extensa discussão, provocando reações no sentido de buscar novas formas de organizar o trabalho e a produção. Começaram, assim, a surgir organizações alternativas ao modelo burocrático.

Em seguida, apresentamos algumas das principais críticas à teoria da burocracia feitas por Robert Michels, Alvin Gouldner, Philip Selznick, Charles Perrow, Michel Crozier, William Roth, Robert Merton, Victor Thompson, Peter Blau, Richard Scott, Daniel Katz, Robert Kahn e Warren Benis.

O sociólogo Robert Michels (1982) analisou a burocracia em termos de dominação e poder. Seu principal objeto de análise forem a democracia e as organizações democráticas, notadamente os partidos socialistas europeus, em especial o alemão, o italiano e o francês. Para ele, a organização é a fonte de dominação dos mandantes sobre os mandatários, dos eleitos sobre os eleitores. Organização (burocrática), para o autor, é sinônimo de oligarquia. As organizações são oligárquicas porque são dominadas por uma elite dirigente. Os membros dessa elite gozam de privilégios e controlam a massa de funcionários e a sociedade. Ao se tornar líder da burocracia pública estatal, a elite dirigente passa a ter interesses próprios, diferentes daqueles das massas, e a agir em prol de seus benefícios e interesses, sendo o principal sua perpetuação no poder. Como a elite dirigente da burocracia passa a ter autonomia e "vida própria", independente da sociedade que a elegeu, abrem-se espaços para o nepotismo, o clientelismo, o particularismo, a corrupção etc.

Alvin Gouldner analisou as consequências do sistema de controle das organizações burocráticas e concluiu que este gera rigidez de comportamento nos funcionários, ocasionando muitas vezes, consequentemente, conflitos com os clientes. As regras burocráticas, para o autor, possibilitam um comportamento apático e minimalista do funcionário, que, quando não quer cooperar, as cumpre estritamente, não fazendo mais do que o necessário e previsto na norma, "escondendo-se" nela e limitando sua atuação de forma legítima.

Philip Selznick demonstrou que a ênfase no treinamento e na capacitação dos funcionários da burocracia gera uma maior delegação de autoridade, que, por sua vez, produz conflitos entre as unidades da organização. Tais unidades passam a priorizar seus objetivos departamentais e funcionais em detrimento dos objetivos organizacionais, fazendo com que a burocracia alcance objetivos não desejados. Selznick também salientou que o excessivo apego às normas e aos regulamentos bloqueia a inovação organizacional e leva ao não atingimento dos objetivos da organização. Para ele, o ideal burocrático seria uma mera ficção, porque é impossível ao ser humano se "despir" integralmente de sua personalidade e executar um papel burocrático em sua plenitude. Para Motta (1979), o trabalho de Selznick oculta o fato de que a burocracia existe pelos burocratas e para os burocratas, já que quanto mais cargos e mais organizações burocráticas, maior o seu poder como classe (estamento).

Charles Perrow identificou quatro problemas recorrentes nas organizações burocráticas: o particularismo, ou seja, o favorecimento de particulares exteriores à organização e de seus interesses; o fato de alguns se beneficiarem de sua posição na organização para fins pessoais, como receber dinheiro e presentes de partes interessadas; o excesso de regras, o que gera lentidão; a rigidez e a supervalorização da hierarquia, que impedem a autonomia dos funcionários e geram resistências à mudança; e a excessiva obediência dos subordinados aos seus superiores (culto à obediência). Cabe ressaltar, contudo, que, apesar de sua apreciação crítica da burocracia, Perrow afirmava que essa forma de organizar era mais eficiente que todas as demais.

Michel Crozier analisou os efeitos da burocracia na sociedade francesa examinando suas principais características. Para o autor, a burocracia é uma máquina pesada que carrega um legado paralisante do passado e bloqueia a sociedade, provocando menor interação, participação e comunicação entre os indivíduos, mais conflitos e maior estratificação social. Crozier investigou a burocracia a partir de quatro traços por ele identificados, com suas consequências: o predomínio de regras impessoais, que freiam o desenvolvimento da personalidade e da criatividade humanas; a centralização de decisões, que leva à rigidez organizacional; o isolamento dos níveis hierárquicos, que resulta no deslocamento de objetivos; e o desenvolvimento de relações de poder paralelas. Essas quatro características, em conjunto, formariam círculos viciosos na burocracia, nocivos ao seu desempenho. Motta (1979) afirma que a intenção inicial de Crozier era analisar a burocracia como estrutura de poder que visa a própria manutenção, mas acabou não sendo bem-sucedido nesse propósito, por não analisar a burocracia como categoria histórica.

William Roth analisou a expansão das indústrias nas primeiras décadas do século XX e identificou que as burocracias altamente hierarquizadas dificultam o processo de tomada de decisões, em razão de algumas de suas características, tais como (Maximiano, 2000:103):

- mecanicismo na atuação dos profissionais, que dispõem de responsabilidades e autonomia limitadas;
- individualismo, estimulado pela estrutura de incentivos da burocracia, que, ao premiar as pessoas que ocupam cargos de chefia, acirra os conflitos interpessoais, afetando negativamente a produtividade e interrompendo o fluxo de informação, devido ao alto grau de hierarquização nas organizações;
- desestímulo da chefia à inovação por parte de seus subordinados como forma de manter a posição que ocupa na hierarquia;
- indefinição de responsabilidade, já que, na burocracia, a responsabilidade pelos resultados e sua eficiência não podem ser avaliadas com precisão.

Para Robert Merton, as principais disfunções da burocracia são: a internalização das regras e o apego exagerado ao regulamento; o excesso de formalismo e papelada; a resistência à mudança; a despersonalização do relacionamento; a superconformidade às rotinas e aos procedimentos, que acabam se tornando fins e não meios, gerando conservadorismo e extremo tecnicismo; a exibição de sinais de autoridade; a dificuldade no atendimento de clientes e conflitos com o público; e a categorização do processo decisório. Merton critica ainda o surgimento do *esprit de corps*, ou seja, a autodefesa do grupo burocrático perante a sociedade.

Victor Thompson analisou a relação entre organização burocrática centralizada e inovação e concluiu, entre outras coisas, que esse sistema estimula o conformismo, a não difusão de ideias e, consequentemente, desestimula a criatividade e a inovação. Para ele, o aspecto físico das organizações burocráticas desestimula a comunicação entre os funcionários.

Peter Blau e Richard Scott reconheceram a existência e a importância dos padrões informais dos grupos nas organizações burocráticas, afirmando que estes eram capazes de influenciar a definição de papéis organizacionais. Identificaram que a lealdade dos grupos sociais se sobrepõe às regras formais burocráticas, o que pode gerar maior flexibilidade e inovação organizacional. Contudo, alertaram que as relações informais podem fazer com que os interesses pessoais se sobreponham aos organizacionais.

Daniel Katz e Robert Kahn criticaram o extremo racionalismo da burocracia, que, segundo os autores, tem apenas um relativo sucesso por não exigir criatividade nas pessoas. Criticaram-na também por seu excessivo mecanicismo e por não considerar o ambiente externo (organização como um sistema fechado).

Warren Benis, partindo da premissa de que a forma burocrática de organização estaria se tornando menos efetiva ao longo do tempo, fez diversas críticas a ela, tais como: não permite o crescimento pessoal e o desenvolvimento da personalidade; desenvolve o conformismo; não leva em conta a organização informal e não antecipa problemas; tem um sistema de controle e autoridade retrógrado e antiquado; não possui meios adequados para resolver conflitos internos; o excesso de escalonamento hierárquico prejudica a comunicação; os recursos humanos não são explorados em todo o seu potencial devido à desconfiança; não assimila a influência da nova tecnologia; modifica a estrutura da personalidade, de modo que as pessoas se tornem *homens da organização* (homem organizacional).

4 Abordagem sistêmica das organizações

O contexto histórico e a teoria geral dos sistemas

A abordagem sistêmica da sociedade surgiu quando a comunidade científica começou a questionar, na década de 1940, a forma tradicional de interpretar o mundo e suas relações. Em vez da concepção mecanicista de compreensão do mundo, propôs-se um pensamento sistêmico, ou seja, que o mundo fosse analisado pelas relações e interações das partes que o constituem e não mais a partir de partes isoladas e processos parciais, indo além da dicotomia cartesiana até então prevalecente na interpretação de fenômenos.

Segundo Misoczky (2003), a expressão "teoria dos sistemas" desperta, hodiernamente, uma variedade de significados, o que se explica pelo fato de ter emergido em diversos campos disciplinares, como a biologia, a cibernética, a física, a química, a matemática, a economia, as ciências humanas e as ciências sociais, cada um deles formulando teorias sistêmicas próprias e adaptando os conceitos-chave a uma nova gama conceitual, o que implica a coexistência de muitas concepções "sistêmicas".

Um dos pioneiros na formulação de uma teoria sistêmica foi o biólogo austríaco Ludwig von Bertalanffy (1901-1972), que, na década de 1930, frequentou o Círculo de Viena, um grupo de filósofos e cientistas organizado informalmente em Viena, entre 1922 e 1936, que surgiu como movimento em reação à filosofia idealista e especulativa que prevalecia nas universidades alemãs e que criou uma corrente de pensamento que ficou conhecida por positivismo lógico ou neopositivismo. Apesar de ter sido educado sob a influência do positivismo e de ter participado do Círculo de Viena, Bertalanffy dizia não ter assumido ideias positivistas em seus estudos por considerar tal pensamento de cunho mecanicista e limitado para a análise do fenômeno da vida. Na década de 1920 o autor já havia publicado, em alemão, suas ideias sobre a existência de lacunas na biologia, pelo fato de este campo do conhecimento ter-se desenvolvido, tanto na teoria quanto nas pesquisas, com um enfoque mecanicista/positivista, plasmado nos pressupostos da simplicidade, da estabilidade e da objetividade, tão bem-sucedidos na física clássica, considerada o "modelo da ciência" (Vasconcellos, 2008).

Em 1940, na contramão da abordagem físico-química do organismo vivo, Bertalanffy propôs compreendê-lo como um sistema aberto e não estável, que importa, transforma e exporta matéria do exterior, cujos componentes não são idênticos entre si, possuindo cada qual uma função. Tais ideias foram apresentadas em um artigo sobre teoria do organismo como sistema aberto. Em 1950, publicou o artigo "The theory of open systems in physics and biology" na revista *Science*, onde ampliou o debate. A figura 3 esquematiza a teoria geral dos sistemas.

Figura 3. Abordagem dos sistemas abertos

Entradas →	Processamento	→ Saídas
	Retroação	
	(Feedback)	

Na década de 1950, após a II Guerra Mundial (1939-1945), a comunidade científica percebeu a interdependência dos países do planeta, cada qual constituindo uma parte diferenciada de um sistema global, e que se integrariam, em parte, mediante políticas econômicas mundiais, leis, regras, comércio, instituições e fenômenos sociais de influência mútua. Nesse sistema, as modificações ocorridas ou provocadas em qualquer dessas partes refletiam-se nas demais partes que compunham a totalidade (Motta e Vasconcelos, 2002). Nessa perspectiva, as partes devem ser entendidas no contexto do todo maior. Bertalanffy (1973:249, 24) propôs, então, pensar o "mundo como organização", como um todo integrado em que "o comportamento do todo é mais complexo do que a soma do comportamento das partes", de modo que "os acontecimentos parecem implicar mais que unicamente as decisões e ações individuais".

O evento da guerra parece ter-se refletido nas ciências de forma geral. Bertalanffy, a partir de uma visão geral dos progressos científicos ocorridos até então, identificou a existência de princípios gerais semelhantes, que começavam a tomar forma nos vários campos da ciência, e sugeriu uma unidade de concepção do mundo marcada pela interdisciplinaridade. Criticou a visão de mundo que se tinha, dividida em diferentes áreas de conhecimento, pois o mundo, em sua concepção, não era fragmentado e, para compreendê-lo em sua complexidade, seria necessária uma visão ampla e totalizante, unificada.

Em 1951, Bertalanffy publicou o artigo "General systems theory: a new approach to unity to science", na revista *Human Biology*, e, em 1955, "General system theory", reimpresso no ano seguinte, nos quais propunha tratar os problemas do homem em sociedade como típicos de "sistemas", o que poderia ser feito por meio da constituição de um novo campo da ciência, por ele chamado de teoria geral dos sistemas, que deveria formular uma unidade de princípios gerais aplicáveis aos "sistemas" em geral. Posteriormente, em 1968, publicou o livro *General theory of systems*, uma síntese de suas ideias apresentadas nos artigos sobre o assunto.

Paralelamente à formulação da abordagem sistêmica de Bertalanffy na Europa, surgiu, nos Estados Unidos, a concepção sistêmica da cibernética, do matemático norte-americano e professor do Massachusetts Institute of Technology (MIT), Norbert Wiener (1864-1964).[13] Os trabalhos de Wiener, diferentemente dos trabalhos de Bertalanffy – que não tiveram grande aceitação na Europa e foram interrompidos pela II Guerra Mundial[14] –,

---

[13] Entre os personagens mais importantes no desenvolvimento das teorias sistêmicas figuram o antropólogo inglês Gregory Bateson, o físico austríaco Heinz von Foerster e o biólogo chileno Humberto Maturana.
[14] Bertalanffy, no final da década de 1960, começou a dar palestras nos EUA e no Canadá. Ele se ressentia do fato de ainda não ter sido devidamente reconhecido como o pioneiro na

foram estimulados pela necessidade de desenvolver equipamentos militares e outras realizações tecnológicas afins durante a guerra. Wiener publicou, em seguida, dois livros: *Cybernetics, or control and communication in the animal and the machine* (1948) e *Cybernetics and society: the use of human beings* (1950) (Vasconcellos, 2008).

Segundo Bertalanffy, podia-se distinguir duas tendências na ciência dos sistemas: uma "mecanicista" e uma "organicista". A primeira estaria associada à teoria cibernética desenvolvida por Wiener, por sua associação com as máquinas ou sistemas artificiais simuladores dos sistemas vivos, enquanto a segunda estaria associada à teoria geral dos sistemas proposta por ele, Bertalanffy, por sua associação com os organismos ou sistemas naturais – biológicos e sociais. Seguindo essa lógica, o economista inglês Kenneth Ewart Boulding, em 1956, no artigo "General systems theory: the skeleton of science", publicado na revista *Management Science*, propôs uma hierarquização dos sistemas em nove níveis: sistemas estáticos; sistemas dinâmicos; sistemas cibernéticos simples; sistema aberto; vida vegetal; reino animal; ser humano; organização social; sistemas transcendentais (desconhecidos). Nesse esquema, os sistemas "mecanicistas" ou físicos seriam sistemas fechados, podendo ser estruturas estáticas, estruturas dinâmicas simples ou sistemas cibernéticos simples (autorregulados). Os sistemas "organicistas" seriam abertos, podendo ser sistemas biológicos ou humanos, socioculturais/simbólicos (Boulding, 1956), que se pode considerar como aqueles nos quais se encontram as organizações.

Tanto a proposta de Wiener quanto a de Bertalanffy pretenderam transcender fronteiras disciplinares, sem necessariamente terem sido bem-sucedidas em seus propósitos.[15]

Os principais pressupostos e propósitos da teoria geral dos sistemas de Bertalanffy (1973:62) são:

---

formulação de uma teoria sistêmica organicista, o que o fazia ressaltar que sua teoria geral dos sistemas fora apresentada antes da cibernética de Wiener e que a teoria geral dos sistemas era mais ampla que a cibernética, rechaçando qualquer identificação ou semelhança entre as duas. Ver Vasconcellos (2008).

[15] Ver Vasconcellos (2008). Há quem considere a termodinâmica a primeira teoria sistêmica, aliás, a primeira teoria da física a ter como foco as relações (entre populações de moléculas e o conjunto de elementos).

1. Há uma tendência geral no sentido de integração nas várias ciências, naturais e sociais.
2. Esta integração parece centralizar-se em uma teoria geral dos sistemas.
3. Esta teoria pode ser um importante meio para alcançar uma teoria exata nos campos não físicos da ciência.
4. Desenvolvendo princípios unificadores que atravessem "verticalmente" o universo das ciências individuais, esta teoria aproxima-se da meta da unidade da ciência.
5. Isto pode conduzir à integração muito necessária da educação científica.

Bertalanffy sugere, portanto, a "construção de uma disciplina que tenha como objetivos principais investigar isomorfismos de conceitos, leis e modelos em campos diferentes; e ajudar nas transferências úteis entre os campos, promovendo a unidade das ciências" (Misoczky, 2003:3).

As ideias de Bertalanffy sobre sistemas abertos influenciaram cientistas de diversos campos do conhecimento, entre eles o da teoria das organizações. Nessa teoria, a abordagem sistêmica surgiu da necessidade de aplicar uma teoria mais adequada à realidade organizacional da segunda metade do século XX, porque as organizações cresciam vertiginosamente e tornavam-se cada vez mais complexas, a reboque das transformações no contexto social da época e da concepção e análise dos fenômenos sociais que emergiam. Para compreender a aplicação do conceito de sistemas à teoria organizacional é fundamental conhecer a abordagem estrutural funcional (AEF) do sociólogo Talcott Parsons, a abordagem sociotécnica das organizações do Tavistock Institute, de Londres, e os estudos de Katz e Kahn.

O modelo de Tavistock e a abordagem sociotécnica das organizações

Um dos principais modelos criados para tentar explicar como as organizações interagem com seu ambiente, fundamentado em uma visão sistêmica, foi o desenvolvido por Eric Trist e Fred Emery, dois pesquisadores do Tavistock Institute of Human Relations.

Trist era psicólogo e foi bastante influenciado pelo pensamento de Kurt Lewin, também psicólogo, que, por sua vez, teve muita influência sobre a área da administração. Já em 1946, Trist e vários outros pesquisadores fundaram o Tavistock Institute, na Inglaterra, financiados pela Rockefeller Foundation. Nos anos 1960, Emery juntou-se ao grupo e escreveu, em parceria com Trist, um artigo que se tornou muito conhecido na área, intitulado "The causal texture of organizational environments" (Motta e Vasconcelos, 2002). De acordo com Katz e Kahn (1987:44), Trist e Emery explicitam nesse artigo "como a atual teorização sobre organizações ainda reflete as antigas concepções de sistema fechado" e deixa de lado o fato de que muitos dos desequilíbrios e tensões existentes nas estruturas organizacionais são fruto do próprio processo de interação entre as organizações e seu ambiente externo.

Conforme o modelo de Tavistock, todos os sistemas organizacionais são compostos por dois subsistemas que interagem de forma constante: o *subsistema técnico* e o *subsistema social*. O primeiro está relacionado aos aspectos técnicos presentes na organização, como máquinas, equipamentos e detalhes das tarefas que cada um deve realizar, ou seja, é "responsável pela eficiência potencial da organização" (Motta e Vasconcelos, 2002). Já o subsistema social diz respeito à interação dos indivíduos e grupos presentes na organização, que são responsáveis pelo funcionamento do subsistema técnico. A figura 4 ilustra o modelo de Tavistock e os elementos que o compõem:

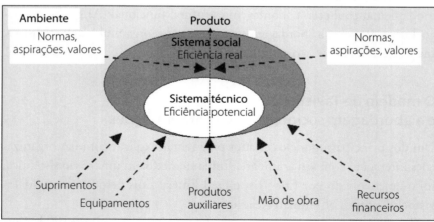

FIGURA 4. Modelo de Tavistock

Fonte: Motta (1971:22).

Como mostra a figura, o subsistema social é influenciado por valores, aspirações e normas que provêm do ambiente externo no qual a organização está inserida, enquanto o subsistema técnico importa outros elementos, como os suprimentos, equipamentos, produtos auxiliares, mão de obra, recursos financeiros etc. O subsistema social é ainda responsável por converter a eficiência potencial da organização (técnica) em eficiência real (funcionamento real da organização que leva em consideração a troca que ocorre entre ela e seu ambiente).

A perspectiva sistêmica de Katz e Kahn

Outro modelo que se tornou muito conhecido na área da administração e que tenta explicar as características dos diversos tipos de sistemas abertos – portanto, das organizações – é o de Katz e Kahn. Esse modelo, muito importante, especialmente por facilitar nosso entendimento sobre as diversas funções desempenhadas pelas organizações, tem as seguintes características:

- *Importação de energia*. Todos os sistemas abertos importam algum tipo de energia de seu ambiente externo, uma vez que não são autossuficientes. As organizações, por exemplo, recebem de seu ambiente insumos como mão de obra, recursos financeiros, matérias-primas, entre outros.
- *Transformação ou processamento*. Os sistemas abertos transformam a energia que recebem do ambiente. Ocorre, dessa forma, nas organizações um processo em que os insumos por elas importados são transformados em produtos ou serviços. Um carro, por exemplo, é construído a partir das diversas peças e componentes que, juntos e transformados, constituem esse produto.
- *Output*. Os sistemas abertos exportam para o ambiente externo os produtos e serviços por ele demandados. O carro, mais uma vez, é um exemplo de produto exportado para o ambiente pela organização que será comprado por seus clientes.
- *Sistemas como ciclo de eventos*. O produto exportado para o ambiente alimenta e é responsável por novas fontes de energia, que, por sua vez,

ingressam no sistema. Como exemplificam Katz e Kahn (1987:36), "a empresa industrial utiliza matérias-primas e trabalho humano para fazer um produto que é mercadizado e o resultado monetário é utilizado para a obtenção de mais matéria-prima e mais trabalho, a fim de perpetuar o ciclo de atividades".

- *Entropia negativa.* Segundo Katz e Kahn (1987:37), "o processo entrópico é uma lei universal da natureza, na qual todas as formas de organização se movem para a desorganização ou a morte". Os autores afirmam que, para que os sistemas abertos possam sobreviver, é necessário que ocorra uma reversão do processo de entropia, ou seja, que ocorra um processo de entropia negativa. Dessa forma, os sistemas teriam a alternativa de importar mais energia do que gastam e, assim, mesmo em períodos de crises, conseguir sobreviver. As organizações podem, por exemplo, poupar recursos financeiros e materiais a fim de enfrentar eventuais períodos de incerteza ou turbulência no mercado.
- *Input de informação, feedback negativo e processo de codificação.* Os *inputs* que ocorrem nos sistemas não são compostos apenas por materiais que contêm energia. Também podem ser informativos, ou seja, os sistemas podem importar informações sobre o ambiente externo que "proporcionam sinais à estrutura sobre o ambiente e sobre seu próprio funcionamento em relação a ele" (Katz e Kahn, 1987:38). Já Motta e Vasconcelos (2002:194) afirmam que "o processo de codificação permite à organização receber apenas as informações para as quais está adaptada", e que, no final do processo, novas informações retornam à organização para que elas possam corrigir eventuais falhas ou desvios que tenham ocorrido no caminho (*feedback* negativo). Como exemplo, podemos citar uma organização que atue na área de tecnologia e que realize pesquisas de marketing para entender melhor as preferências e o perfil de seus consumidores. Tais dados ingressam na organização como *input* de informação para orientar o processo de trabalho ali desenvolvido. Depois que os produtos são lançados no mercado, a empresa pode disponibilizar uma central de atendimento para que seus clientes emitam opiniões sobre o produto que adquiriram, ou seja, um *feedback*.

- *Estado firme e homeostase.* Os sistemas, ao importarem energia com o objetivo de deter o processo de entropia, no fundo estão se autorregulando (homeostase) para manterem uma certa constância no processo de troca de energia com o ambiente, ou seja, manterem um estado firme. Da mesma forma que nosso organismo consegue adequar a temperatura do corpo à temperatura do ambiente em que está inserido, os sistemas vivos, graças à sua complexidade estrutural, conseguem intercambiar energia com o ambiente externo de forma mais ou menos constante. As organizações, por exemplo, podem alterar sua estrutura ou modelo de gestão em decorrência de alterações em seu ambiente, como novas leis ou determinações políticas.
- *Diferenciação.* Os sistemas abertos são compostos por partes que exercem funções diferenciadas entre si, mas que estão inter-relacionadas. A especialização, portanto, é uma característica das partes que integram o sistema. Em uma organização há diversas áreas especializadas em funções distintas – marketing, produção, recursos humanos etc. –, mas devem estar em harmonia umas com as outras para que o sistema funcione como um todo.
- *Equifinalidade.* Por fim, os sistemas abertos podem chegar a uma mesma situação por diversas maneiras e partindo de diferentes condições iniciais. Essa característica difere do pensamento da abordagem clássica, que considerava haver apenas uma única forma correta de administrar. As organizações inseridas em ambientes com características diferentes provavelmente devem implantar modelos distintos de gestão para que possam sobreviver nesse mercado específico.

As funções genotípicas das organizações

Alguns autores da área da administração se esforçaram bastante para criar o que podemos chamar de uma tipologia organizacional, ou seja, para classificar as organizações com base em alguma característica considerada central e que as distingue umas das outras. Ao longo dos anos foram desenvolvidas muitas tipologias organizacionais, mas a de Katz e Kahn (1987) é especialmente importante por ser fundamentada em uma perspectiva sistêmica que complementa os modelos estudados até agora neste capítulo.

O objetivo de Katz e Kahn, ao criarem uma tipologia das organizações, foi analisar o que entendem como suas funções genotípicas, ou seja, "o tipo de atividade em que a organização se acha empenhada como um subsistema do todo maior que é a sociedade". Segundo os autores, as organizações podem ser divididas em quatro tipos distintos de classes, que são bastante amplas e podem abrigar outros subtipos. São elas:

- *Organizações produtivas*. São aquelas que produzem produtos ou serviços para o público em geral ou para segmentos específicos, satisfazendo, dessa forma, necessidades básicas dos indivíduos. Qualquer empresa fornecedora de mercadorias ou serviços pode ser considerada uma organização produtiva.
- *Organizações de manutenção*. São aquelas responsáveis pela integração da sociedade, ou seja, pela manutenção ou restabelecimento da ordem. As escolas, igrejas e hospitais psiquiátricos, por exemplo, são exemplos clássicos de organizações cujos objetivos são manter ou restaurar a ordem social.
- *Organizações ou estruturas adaptativas*. De acordo com Katz e Kahn (1987:131), as estruturas adaptativas "criam conhecimento, desenvolvem e testam teorias e, até certo ponto, aplicam as informações disponíveis aos problemas existentes", como as universidades e organizações de pesquisas.
- *Organizações ou função gerencial*. Estão relacionadas à "coordenação e [ao] controle de recursos, pessoas e subsistemas". Temos como principal exemplo o Estado, uma vez que este é responsável pela "principal estrutura de autoridade da sociedade" (Katz e Kahn, 1987:132).

Críticas à abordagem sistêmica

Segundo Motta (1971), a perspectiva sistêmica parece estar de acordo com a preocupação estrutural-funcionalista que vem caracterizando as ciências sociais nos países capitalistas nos últimos tempos. O problema é que, por seu "biologismo" – a análise das organizações por meio de instrumentos importados da biologia e adaptados à natureza social das organizações –, pode ser responsável por uma "ilusão científica"; isso porque se passa a acreditar que o objeto de sua análise tende a se tornar tão previsível quanto os sistemas biológicos e que seu campo do conhecimento se presta ao rigor científico que caracteriza as ciências físicas.

Tratar-se-ia, portanto, de um novo funcionalismo, que olha para os sistemas sociais com a visão enviesada das leis e regras dos sistemas naturais. Implica admitir um *status* de naturalidade às organizações sociais e a opção política de eliminar as disfunções potenciais para garantir a conservação da ordem geral, remontando aos ideais do positivismo de Auguste Comte e à sociologia funcionalista de Émile Durkheim. Além disso, ao considerar a existência de uma realidade independente do observador e externa a ele (objetivismo), a abordagem sistêmica deixa de cumprir sua proposta ou pretensão de ser um novo paradigma científico, como propunham seus principais formuladores.

Há ainda críticas às metáforas utilizadas nas teorias organizacionais em geral, que incluem a teoria dos sistemas, quando adaptadas para a realidade organizacional. Segundo Morgan (1996:66-67):

> Todas as teorias de organização e de administração são baseadas nas imagens ou metáforas implícitas que nos induzem a ver, entender e imaginar situações de maneira parcial. Metáforas criam insight. Mas elas também distorcem. Elas têm pontos fortes. Mas também têm limitações. Ao criar condições de enxergar, elas criam maneiras para não enxergar. Por isso pode não ter nenhuma teoria ou metáfora que forneça o ponto de vista de todas as finalidades. Nesse ponto pode não ter nenhuma "teoria correta" para estruturar tudo que nós fazemos.

Por se tratar de um conceito originário das ciências naturais, notadamente da biologia, aplicado às ciências sociais, a rede de metáforas sistêmico-organísmica torna-se limitada para a compreensão da realidade organizacional. Bourdieu, Chamboredon e Passeron (1999:34), preocupados com a utilização não reflexiva das metáforas, criticam a transposição mimética e acrítica de imagens oriundas da física ou da biologia para outros campos do conhecimento:

> Tais esquemas de interpretação, tirados quase sempre da natureza física ou biológica, ameaçam veicular, sob a aparência da metáfora e da homonímia, uma filosofia inadequada da vida social e, sobretudo, desencorajar a busca da explicação específica, fornecendo sem grandes esforços uma aparência de explicação.

Outra crítica diz respeito à ênfase atribuída às relações entre organização e ambiente, e que dão importância excessiva ao papel desempenhado por este último, negligenciando o papel dinâmico das contradições internas das organizações.

5 Abordagem contingencial da administração

A abordagem contingencial da administração procura compreender e explicar como as organizações funcionam em diferentes condições ou contextos ambientais e verificar as configurações estruturais mais eficazes. Tal abordagem surgiu a partir de estudos realizados em meados da década de 1950 e início dos anos 1960, sob a influência da teoria dos sistemas, mas dando um passo além dela ao analisar não só as relações que ocorrem dentro e entre os diversos subsistemas organizacionais, mas também a relação entre a organização (considerada um sistema aberto) e seu ambiente, e os padrões de relações e configurações de variáveis adequadas a cada situação ambiental específica. Surgiu em um contexto no qual se observava na Europa – principalmente França e Inglaterra – e nos Estados Unidos a existência de empresas multinacionais, grandes oligopólios e organizações cada vez mais complexas em termos de tamanho, tecnologia, tarefas, estratégia e estrutura, em um período em que se travavam guerras ideológicas entre o capitalismo e o socialismo.

A partir da teoria da contingência, apareceram diversos estudos sobre eficácia organizacional, abordando vários modelos e perspectivas em que se analisavam seus parâmetros e as fontes para alcançá-la. As organizações objetivam atingir a maior eficácia possível e, para tanto, se faz mister uma configuração organizacional ajustada aos fatores situacionais do ambiente no qual se inserem.

Entre os principais trabalhos sobre a abordagem contingencial destacam-se os de Burns e Stalker (1961), Woodward (1977), Lawrence e

Lorsch (1967), Blau (1955), Grupo de Aston (Pugh et. al, 1963, 1968; Pugh, Hickson e Hinings, 1969, 1985).

Organizações e ambiente

Burns e Stalker foram os pioneiros dos estudos que determinaram a teoria contingencial. Segundo Donaldson (1998:108), eles pesquisaram o setor industrial eletrônico, fornecendo "uma síntese entre a escola clássica e a escola das relações humanas nas estruturas mecanicista e orgânica, respectivamente". Para Motta e Vasconcelos (2006:219), os autores definiram dois "tipos ideais" de organização administrativa: o orgânico e o mecânico, que seriam os extremos de um contínuo, no qual se encaixaria a maioria das organizações.

Segundo Hall (2004:48), os autores identificaram que a forma mecânica é muito próxima do tipo ideal de burocracia proposto por Weber, enquanto a forma orgânica se aproxima do seu oposto lógico.

Assim, as organizações orgânicas, em vez de terem hierarquia reforçada e autoridade centralizada, têm uma autoridade descentralizada, fundamentada em uma estrutura de controle em rede; em vez de terem os papéis e tarefas organizacionais definidos pelos escalões superiores, têm papéis complexos, redefinidos continuamente por meio da discussão entre as partes, pois o conhecimento para o desempenho das tarefas está disperso nos seus diversos níveis organizacionais; em vez de terem uma supervisão hierárquica estabelecida num contexto de comunicação e interação predominantemente vertical, valorizam a autonomia dos empregados, possibilitando comunicações em todos os níveis (vertical e horizontal) etc.

De acordo com Hall (2004:48), "os autores veem as formas organizacionais como estreitamente vinculadas ao ambiente no qual as organizações estão inseridas". Motta e Vasconcelos (2006:220) indicam que as empresas mecanicistas têm seu sistema organizacional adequado a ambientes de mercado e a tecnologia estáveis, enquanto as orgânicas têm seus sistemas apropriados a situações de mercado dinâmicas com forte concorrência e variação tecnológica. Assim, "deve haver um *fit* ou adequação da estrutura da organização ao seu meio ambiente de negócios. Faz-se um diagnóstico do meio ambiente e ajusta-se a estrutura organizacional a ele".

Lawrence e Lorsch (1967), responsáveis pela expressão "teoria da contingência", iniciaram seus estudos analisando seis empresas do setor plástico que tinham como característica comum trabalharem em um ambiente altamente competitivo e de elevada incerteza, onde seus produtos tinham de atender a clientes industriais de todos os tamanhos e tipos. O principal aspecto competitivo das empresas era o conhecimento científico necessário para compor plásticos especiais adequados aos diversos produtos. Depois de desenvolvido, o processo de produção era relativamente simples e previsível, mas, como a concorrência era bastante elevada, havia a necessidade de fazer o acompanhamento da satisfação do cliente. Outra necessidade, a de realizar diferentes tarefas, fazia com que as empresas se segmentassem em diferentes unidades, levando-as a uma divisão de trabalho que redundava numa diferenciação intraorganizacional. Tal diferenciação implicava conflito, o que tornava também necessário integrar os distintos setores da organização. Assim, uma questão fundamental da pesquisa foi "compreender a influência das características do meio ambiente sobre a tentativa de manter-se um equilíbrio entre o nível de diferenciação e de integração, tendo em vista a gestão dos conflitos e as contradições que resultam dessa tensão" (Motta e Vasconcelos, 2002:226).

Segundo Hall (2004), foram caracterizados quatro departamentos funcionais básicos: vendas, produção, pesquisa aplicada e pesquisa básica. Tais departamentos sofriam diferentes pressões ambientais, o que fazia com que apresentassem variações "não apenas quanto às tarefas específicas que executa[va]m, mas também quanto ao comportamento e aos pontos de vista de seus membros" (Hall, 1984:56). Assim, foram identificadas variações no horizonte de atendimento das necessidades organizacionais: o pessoal de vendas priorizava o curto prazo para atender às demandas do cliente, a produção demandava um tempo maior e o departamento de pesquisa aplicada trabalhava num horizonte de dois a três anos. Comparando a classificação de Burns e Stalker, verifica-se que os departamentos de pesquisa eram mais orgânicos e os de produção, mais mecânicos (Donaldson, 1998).

Quanto à integração, definida pelo nível de colaboração entre os departamentos, e que visava atingir a eficácia organizacional, observou-se que, na indústria de plásticos, as organizações mais eficazes eram as que apresentavam maior diferenciação e, consequentemente, maior necessidade de integração, caracterizando-se por um maior nível de conflito.

Certamente o conflito é prejudicial quando não resolvido. Contudo, antes de apresentarem uma melhor forma de solucioná-lo, as pesquisas indicavam que sua resolução era contingente ao ambiente. Assim, enquanto nas empresas plásticas era preciso direcionar pessoas e/ou setores para lidar com o conflito entre departamentos, nas empresas de vasilhames esses conflitos eram mais bem resolvidos no alto escalão, graças ao fato de que a estabilidade do ambiente proporcionava um maior conhecimento da tarefa.

Para Motta e Vasconcelos (2006:222), existe uma relação fundamental entre os níveis externos da organização – incerteza, diversidade, turbulência no meio ambiente e nos tipos de pressão sofridos pela empresa – e os níveis internos de integração, diferenciação e os mecanismos de resolução de conflitos. Para Hall (2004:57), "as diferenças de tarefa, comportamento e atitude encontram-se diretamente relacionadas ao tipo de ambiente com o qual os vários departamentos precisam lidar em suas atividades de curto e longo prazos".

Lawrence e Lorsch (1967) demonstraram que não se obtinha eficácia seguindo um modelo organizacional. As organizações cujas estruturas mais se aproximavam das características exigidas pelo ambiente eram as que apresentavam o melhor desempenho. Essa teoria reforça a ideia de equifinalidade, da teoria dos sistemas, contrapondo-se à ideia do *one best way* da administração científica de Taylor (Motta e Vasconcelos, 2006).

Tecnologia e organizações

Joan Woodward desenvolveu seus principais trabalhos no campo organizacional quando dirigiu a unidade de pesquisa sobre relações humanas da South East Essex College of Technology. "O modelo de Woodward era mais complexo que o de Burns e Stalker, contando com três estágios ao invés de dois. Entretanto, eles compartilhavam uma conceitualização similar de estrutura, enquanto mecânica e orgânica, e também convergiam a respeito da tecnologia como indutora de incerteza" (Donaldson, 1998:109).

Woodward (1977) classificou os sistemas produtivos em três tipos:

- *Sistemas de produção unitária e de pequenos lotes.* Compreendem a produção de unidades ou pequenos lotes por pedido, ou seja, de acordo com as especificações dos consumidores, bem como a produção de protótipos ou de grandes equipamentos, como navios e aviões, por exemplo.
- *Sistemas de produção de grandes lotes e em massa.* Esses sistemas caracterizam-se pela padronização, pelo uso de tecnologia de média complexidade e pelo grande volume de produção bem como de grandes lotes em linhas de montagem.
- *Sistemas de produção por processo.* Caracterizado pelo fluxo contínuo de produtos como grãos, líquidos e gases, bem como pela alta complexidade da tecnologia envolvida na produção.

A partir de pesquisas em diferentes indústrias, Woodward (1977) identificou uma forte relação entre as variáveis tecnologia e estrutura, bem como o reflexo dessa relação no desempenho das organizações. Seus estudos indicaram que a natureza da tecnologia empregada afetava diretamente a quantidade de níveis hierárquicos e a amplitude de controle dos supervisores nas linhas de produção. Verificou também que uma empresa era tão mais bem-sucedida quanto melhor alinhada a sua estrutura à tecnologia de produção utilizada.

Os trabalhos do Grupo de Aston

O Grupo de Aston tornou-se bastante conhecido entre os teóricos das organizações pelos trabalhos que desenvolveu ao longo da década de 1960 e que foram publicados pela revista norte-americana *Administrative Science Quarterly*, uma das mais importantes do mundo na área da administração. O grupo, que teve como principais pesquisadores nomes como Derek Pugh, David Hickson, C. R. Hinings, entre outros, era vinculado à unidade de pesquisa em administração industrial da Aston University, de

Birmingham, Inglaterra. Segundo Aldrich (1972:26), seus trabalhos foram escolhidos tanto por "representar uma louvável tentativa de operacionalizar diversas variáveis organizacionais", quanto por "constituir-se em um projeto de longo prazo, que dedicou boa parte do tempo à análise e à interpretação de dados".

Segundo Motta (1994:196), "pode-se dizer que os resultados dos trabalhos do Grupo de Aston [...] pretenderam demonstrar empiricamente que a burocracia constitui um conceito pluridimensional, ao contrário daquilo que o 'tipo ideal' de Max Weber teria sugerido". Assim, nessa perspectiva, não há um modelo universal de organização burocrática que deva servir de referência a todas as organizações existentes no mercado; ao contrário, há diversos tipos de estruturas burocráticas que variam do tipo básico de estrutura em maior ou menor grau e que constituem *categorias* de organizações. Tal ideia está relacionada com o conceito de equifinalidade, segundo o qual há mais de uma maneira de atingir os resultados almejados por um sistema e não apenas uma maneira correta.

Os pesquisadores do Grupo de Aston tinham por objetivo realizar estudos sobre a burocracia que, diferentemente dos que existiam até então, pudessem dar origem a uma tipologia organizacional que contemplasse diferentes "perfis organizacionais" (Motta, 1994:198); e mais, que suas teorias pudessem ser comprovadas empiricamente, o que foi feito empregando-se rigorosos procedimentos quantitativos. Segundo Aldrich (1972:27), ainda que o grupo negasse, o fato é que seu objetivo último era "desenvolver um modelo causal de desenvolvimento organizacional", verificando as relações causais entre as variáveis pesquisadas. Em outras palavras, pode-se dizer que a metodologia colocada em prática permitiu análises comparativas entre grupos de organizações, ao transformar as dimensões que compõem a estrutura das organizações em variáveis mensuráveis. De acordo com Hall (2004:82), "a maior parte dos dados origina-se de organizações industriais, porém alguns são baseados em estudos feitos em agências do governo e em sindicatos". Ainda no tocante à metodologia adotada nos estudos, o grupo levou em consideração dois tipos de variáveis: as *estruturais*, por ele consideradas dependentes, e as de *contexto e desempenho*, tomadas como independentes. Em seu famoso artigo "A conceptual scheme for organizational analysis", Pugh e outros (1963:301-313) classificam o grupo de variáveis por eles estudadas em três tipos: estruturais, contextuais e de desempenho.

Variáveis estruturais

As variáveis estruturais são as seguintes: especialização, padronização, formalização, centralização, configuração e flexibilidade.

- ❑ *Especialização*. Refere-se à divisão do trabalho dentro da organização, bem como a outros aspectos como o número de funções desempenhadas por especialistas, o grau de especialização de papéis (a diferenciação de atividades de cada função), o nível de complexidade técnica e o relativo *status* e influência de especialidades particulares.
- ❑ *Padronização*. Refere-se a dois aspectos, sendo o primeiro a *padronização dos procedimentos*, que, para Weber, distingue as organizações burocráticas e tradicionais das organizações burocráticas. Os autores afirmam que as categorias a serem estudadas são: a) procedimentos relacionados com a busca de decisões; b) procedimentos relacionados com a formulação de decisões; c) procedimentos relacionados com a comunicação das informações; d) procedimentos para operação ou tomada de decisões. Já o segundo aspecto dessa variável seria a *padronização de papéis*, que diz respeito ao grau em que as organizações prescrevem a padronização dos seguintes elementos: a) definição de papéis e qualificações para o cargo; b) medidas de desempenho de papéis; c) titulações para o cargo e símbolos de *status*; d) recompensas pelo desempenho dos papéis.
- ❑ *Formalização*. Distingue o quanto as comunicações e os procedimentos de uma organização são escritos e registrados, sendo também uma variável essencial nos trabalhos de Weber. A formalização, para os autores, inclui: a) declarações de procedimentos, regras e papéis (contratos, acordos etc.); b) operação de procedimentos (aplicações de capital, transmissão das informações, planos, minutas etc.).
- ❑ *Centralização*. Diz respeito ao *locus* de autoridade para tomar decisões que afetem a organização. Os autores mencionam diversos aspectos relacionados a essa variável e afirmam que a centralização é uma *medida* que

deriva da autoridade localizada em diferentes níveis de uma organização específica.
- *Configuração.* Pode ser definida como ligada à estrutura de autoridade da organização ou ao sistema de relações existentes entre posições ou trabalhos descritos em termos da autoridade dos superiores e da responsabilidade dos subordinados.
- *Flexibilidade.* Envolve a determinação de mudanças dentro de cada organização, em particular ao longo de determinado período. Expressa as mudanças na estrutura organizacional e pode ser distinguida em termos de: a) determinação da quantidade de mudança; b) velocidade da mudança; c) aceleração da mudança.

Variáveis contextuais

São variáveis contextuais: origem e história, propriedade e controle, tamanho, plano, tecnologia, localização, recursos e interdependência.

- *Origem e história.* Diz respeito à origem da organização, à história de seus fundadores, à trajetória da organização, entre outros aspectos. Para os pesquisadores do grupo, era importante analisar a estrutura histórica da empresa para que se pudesse verificar sua influência sobre a estrutura presente.
- *Propriedade e controle.* Outro fator analisado pelo Grupo de Aston relativo a características relacionadas com a propriedade e o controle organizacional, o grau em que esse controle era exercido pelos donos da empresa e seus efeitos sobre a estrutura organizacional como um todo.
- *Tamanho.* Essa variável, uma das mais importantes no trabalho do Grupo de Aston, refere-se ao número de empregados que atuam na organização e ao total de recursos disponíveis. Os autores afirmam ainda que é relevante verificar o tamanho relativo da organização em comparação com seus competidores que atuam no mesmo ramo.
- *Plano (charter).* Diz respeito ao propósito da organização e à ideologia e ao sistema de valores presentes. É preciso analisar detalhadamente as metas e submetas estabelecidas pela organização (por meio da leitura

de declarações oficiais, regras, documentos etc.) e o "caráter" da organização ou os compromissos que assumiu ao longo do tempo. Tais compromissos, para os autores, muitas vezes entram em conflito com os objetivos oficiais da organização e a empurram para uma situação de mudança.
- *Tecnologia.* Para os autores, são "as técnicas que ela utiliza em suas atividades e que provêm diretamente de bens ou serviços".
- *Localização.* Descrita "em termos de diferenças nacionais e regionais, devendo-se fazer distinção entre localidade urbana, periférico-urbana e rural". Também "pode ser caracterizada em relação às redes de transporte e comunicação disponíveis para uso".
- *Recursos.* Podem ser classificados em dois grupos: a) recursos humanos e ideias; b) recursos materiais e financeiros. Os autores afirmam que sua preocupação é caracterizar a "qualidade, a quantidade e o alcance de tais recursos, juntamente com as fontes de suprimento".
- *Interdependência.* Reflete a "relação entre uma organização e outras organizações e instituições em seu ambiente social", devendo-se considerar também o "grau de interdependência com fornecedores, clientes, competidores, sindicatos e instituições políticas e sociais".

Variáveis de desempenho

- *Efetividade relativa.* Por fim, os autores afirmam que é importante analisar o "sucesso de uma organização em alcançar as metas por ela declaradas", o que pode ser feito por meio de diversos elementos, como lucratividade, produtividade, adaptabilidade, mercado atingido etc. Segundo eles, deve-se utilizar o "modelo de sistema" para comparar a "efetividade relativa" de uma organização em diversos períodos de tempo, e não o modelo de metas, que compara as metas atingidas com os objetivos declarados.

Outro artigo dos pesquisadores do Grupo de Aston – "An empirical taxonomy of structures of work organizations", publicado em 1969 na *Administrative Science Quarterly* –, foi de fundamental importância para a análise organizacional, sendo considerado o mais relevante da série, já que apresenta a taxonomia das estruturas organizacionais que ficou famosa nos estudos contingenciais. Segundo Pugh, Hickson e Hinings (1969:115), "o termo 'taxonomia' implica que a classificação se baseia em dimensões mensuráveis e estabelecidas de forma empírica". Para Motta (1994:205):

> No que diz respeito às variáveis de contexto, o Grupo concluiu que o tamanho era a principal variável de explicação e previsão da estrutura organizacional, seguido da tecnologia e da interdependência. Foi mais longe, tentando mostrar que dados os escores da organização em termos de suas variáveis de contexto, seria possível, através da regressão múltipla, prever e explicar seu perfil. Entretanto, é preciso lembrar que não foi possível ao Grupo a análise da variável recursos da forma inicialmente pretendida. O Grupo deixou de lado pessoas e ideias e preferiu ver recursos financeiros e materiais como aspecto da tecnologia [...] Insinuam-se como especialmente importantes o tamanho, a dependência e o trinômio tecnologia-plano-localização.

Tendo em vista essa afirmação, podemos apresentar agora a classificação construída pelos pesquisadores do Grupo de Aston e que, paralelamente, serviu para que eles rejeitassem a ideia do "tipo ideal" de Weber. São sete os tipos distintos de estruturas organizacionais (Pugh, Hickson e Hinings, 1969:120-124):

- *Burocracia plena*. Apresenta "elevadas estruturação de atividades e concentração de autoridade, elevada dependência e baixa integração do fluxo de trabalho no que tange à tecnologia. Também possui alta padronização de procedimentos para seleção e de promoção de seus funcionários e alta formalização de definição de papéis, sendo o único tipo de organização do modelo que possui características tanto das *burocracias de pessoal*, quanto das *burocracias de fluxo de trabalho*". Nesse grupo incluem-se as organizações governamentais que atuam na área ferroviária, de fornecimento de energia elétrica, entre outras.
- *Burocracia plena nascente*. Segundo os autores, as burocracias plenas nascentes "apresentam as mesmas características da anterior, mas em menor grau".

- *Burocracia de fluxo de trabalho.* São caracterizadas "por altos escores na estruturação de atividades combinados com escores relativamente baixos nos outros dois fatores estruturais", quais sejam: concentração de autoridade e integração do fluxo de trabalho. No estudo, apenas uma organização de serviços e uma empresa de ônibus estão incluídas no grupo.
- *Burocracia de fluxo de trabalho nascente.* Conforme apontam os autores, esse tipo de burocracia "apresenta as mesmas características da anterior, mas em menor grau, sendo considerada menor".
- *Burocracia pré-fluxo de trabalho.* Tem escores mais baixos no que tange à estruturação de atividades, mas "apresenta o padrão típico de burocracias de fluxo de trabalho de dispersão de autoridade e controle de linha impessoal. "São menores em tamanho do que as burocracias de fluxo de trabalho nascentes, mas muito mais independentes, com altos escores de concentração de propriedade e controle".
- *Organizações implicitamente estruturadas.* Os autores afirmam que essas organizações têm "baixa estruturação de atividades, autoridade dispersa e alto controle de linha". Possuem um baixo escore de integração de fluxo de trabalho e incluem as menores organizações da amostra, tais como pequenas firmas de manufatura, firmas de construção etc.
- *Burocracia de pessoal.* Esse grupo apresenta características similares às anteriores, como baixos escores de estruturação de atividades e alto controle de linha, mas diferencia-se principalmente por possuir altos escores no que tange à concentração de autoridade. Segundo os autores, "isso está associado aos altos escores de dependência e baixos escores de concentração de propriedade e controle".

Por fim, Pugh, Hickson e Hinings (1969:125), ao comentarem os trabalhos desenvolvidos por Weber, deixam claro que a tipologia por eles construída implica mudanças no próprio conceito de burocracia, uma vez que esta não é algo unitário. Assim, "as burocracias tomam formas diferentes em ambientes distintos", postulado que encerra o trabalho do grupo e que se tornou premissa básica nos estudos que se baseiam em uma perspectiva contingencial das organizações.

Os trabalhos do Grupo de Aston receberam muitas críticas por parte de outros autores no que diz respeito a diversos aspectos de seus estudos, sobretudo a metodologia por eles implementada e a ênfase na correlação tamanho-estrutura. De acordo com Hall (2004), além do tamanho, outros fatores devem ser levados em consideração para que se possa compreender a estrutura das organizações, o que não quer dizer que o tamanho não tenha importância na análise. Hall (2004:83) aponta ainda que o rearranjo dos dados do Grupo de Aston feito por Aldrich "sugere que o tamanho é, na realidade, uma variável dependente" e que, nessa reanálise, "a tecnologia surge como a principal determinante da estrutura". Já Motta (1994:208) afirma que "uma das críticas mais conhecidas é a de que houve falha na definição das variáveis; que os resultados obtidos são tautológicos, uma vez que as variáveis formalização e padronização praticamente mediram a mesma coisa, sendo assim evidente a razão dos altos índices de estruturação de atividades encontrados".

Por outro lado, cabe enfatizar também que a taxonomia desenvolvida pelo Grupo de Aston serviu de base para que outros estudos semelhantes fossem realizados em diversos outros contextos, inclusive no Brasil. Um exemplo é o estudo de Rodrigues e Sá (1984:159), que examina a "estrutura das organizações brasileiras dentro da perspectiva da convergência cultural *versus* a ideia da divergência cultural", utilizando variáveis trabalhadas pelo Grupo de Aston, como formalização, especialização e centralização (variáveis estruturais) e tamanho e dependência (variáveis de contexto). Uma das conclusões a que chegaram as autoras foi a de que "é mais fácil encontrar semelhanças naquilo que pode ser diretamente transplantado, como, por exemplo, a tecnologia ou a estrutura física das coisas", mas que a existência de estruturas semelhantes "não significa que elas sejam usadas do mesmo jeito ou que as relações que definem o funcionamento sejam as mesmas". Por isso, sugerem que "a ênfase dos estudos interculturais deve ser dirigida também a processos internos da organização (decisão, comunicação) e às relações com autoridade, colegas e clientes", uma vez que, assim, se pode "captar diretamente o jeitinho ou o autoritarismo" próprios da cultura brasileira.

Configurações organizacionais e eficácia

No final da década de 1970, Henry Mintzberg realizou um estudo no qual identificou a existência de cinco configurações organizacionais básicas. Para o autor, a estruturação eficaz de qualquer organização requer consistência entre os parâmetros de *design* e os fatores situacionais. Isso significa que, quando não existe consistência entre essas características, a organização não funciona eficazmente – não produz resultados, não atinge metas, nem funciona harmonicamente. Para Hall (1984:31), a abordagem adotada por Mintzberg é "multifacetada, predominantemente baseada nos modos como as organizações se estruturam para fazer face às várias contingências que enfrentam". Para Morgan (1996:59), o ponto de partida desse trabalho "é mostrar que a organização eficaz depende do desenvolvimento de um conjunto coeso de relações entre o planejamento da estrutura, a idade, o tamanho, a tecnologia da empresa e as condições existentes no ramo industrial no qual se acha operando".

Mas, se nas organizações há pessoas que trabalham em diferentes áreas e funções, exercendo níveis de autoridade distintos, elas são, segundo Mintzberg (1995), compostas por diferentes partes e pelos respectivos indivíduos que as integram. Para o autor, a organização pode ser composta basicamente por até cinco partes, de acordo com seu tamanho e complexidade, como mostra a figura 5:

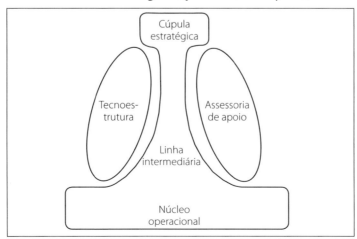

Figura 5. A organização e suas cinco partes

Fonte: Mintzberg (1995:19).

Cada parte, de acordo com Mintzberg (1995), pode ser assim definida:

- *Núcleo operacional*. Engloba aqueles que realizam o trabalho básico de fabricar produtos ou prestar serviços. Por exemplo: montadores nas fábricas de automóveis e professores em universidades.
- *Cúpula estratégica*. Composta pelos que devem assumir total responsabilidade pela organização, pelos que asseguram que esta cumpra sua missão de maneira eficaz. Por exemplo: presidentes ou diretores executivos da empresa, bem como seus assistentes (secretárias etc.).
- *Linha intermediária*. Diz respeito às supervisões e gerências, que exercem autoridade sobre o núcleo operacional de acordo com o que é estabelecido pela cúpula estratégica, interagindo ainda com a tecnoestrutura e a assessoria de apoio. Por exemplo: gerentes de uma montadora de automóveis, que possuem autoridade formal sobre os operários.
- *Tecnoestrutura*. Engloba os analistas encarregados de efetuar a padronização da organização, especificando processos e realizando treinamentos. Por exemplo: engenheiros de produção, engenheiros de controle de qualidade, programadores de produção, contadores etc.
- *Assessoria de apoio*. São unidades especializadas criadas para dar apoio à organização fora do âmbito do fluxo de trabalho, não tendo influência direta sobre ela. Por exemplo: serviço de cópias, departamento de segurança, restaurante da fábrica, assessoria jurídica, relações públicas etc.

Estruturas organizacionais

Os padrões de trabalho e disposições hierárquicas que servem para controlar ou distinguir as partes que compõem uma organização, segundo Bowditch e Buono (1992), podem ser definidos como estrutura organizacional. De maneira geral, a estrutura diz respeito à divisão e à especialização do trabalho – isto é, sua diferenciação – e a como é coordenada e controlada – ou seja, sua integração.

A divisão do trabalho em diferentes tarefas e a coordenação entre essas tarefas são consideradas por Mintzberg (1995) os dois requisitos fundamentais de uma estrutura organizacional. Para o autor, os cinco mecanismos básicos de coordenação, considerados os diversos meios empregados pelas organizações para coordenar suas tarefas, e também seu controle e comunicação, são:

- *Ajustamento mútuo.* Mecanismo geralmente utilizado pelas organizações mais simples que permite a coordenação pelo processo de comunicação informal, permanecendo o controle do trabalho nas mãos dos operadores.
- *Supervisão direta.* A coordenação é obtida concentrando-se as responsabilidades em uma única pessoa, encarregada de fornecer instruções e monitorar as ações de um conjunto de trabalhadores; nesse caso, a comunicação pode ser formal, apesar de o controle caber a uma só pessoa.
- *Padronização dos processos.* Ocorre quando há complexidade no trabalho e tarefas simples e rotineiras; acontece por meio da especificação e da programação do trabalho; a comunicação é formal e o controle se dá por meio de manuais e normas.
- *Padronização das saídas.* Com trabalho e tarefa mais complexos, a coordenação se dá pela padronização dos resultados do trabalho, especificando-se dimensões de produtos ou o desempenho; a comunicação é formal e o controle cabe a quem executa o trabalho.
- *Padronização das habilidades.* Quando não é possível padronizar os processos nem seus resultados passa-se a especificar, geralmente por meio de treinamento, as habilidades e/ou conhecimentos do trabalhador; a comunicação é formal e o controle, indireto.

Segundo Hall (1984), a estrutura organizacional atende basicamente a três funções. Primeiro, as estruturas objetivam executar produtos organizacionais e atingir metas. Segundo, as estruturas se destinam a minimizar ou pelo menos regulamentar a influência das variações individuais sobre a organização. E, por fim, as estruturas são os contextos onde o poder é exercido, as decisões são tomadas e as atividades são executadas. O autor ainda afirma que as características cruciais de uma estrutura organizacional são a complexidade, a formalização e a centralização. Tais características são assim definidas por Bowditch e Buono (1992):

❑ *Complexidade.* Trata do número de componentes ou da extensão da diferenciação existentes em uma organização.
❑ *Formalização.* Diz respeito ao grau em que são explicitadas ou padronizadas as expectativas relativas às atividades dos cargos.
❑ *Centralização.* Refere-se à localização da autoridade para tomar decisões na organização; essa autoridade pode ser centralizada ou descentralizada, e a cadeia de comando traça o caminho da descentralização.

Essas dimensões se inter-relacionam de modos distintos. Para Bowditch e Buono (1992), há diferentes configurações ou projetos estruturais, tendo-se, assim, variados graus de complexidade, formalização e centralização. Consequentemente, diante de certas forças e condições ambientais, determinadas combinações de tais dimensões tendem a ser mais eficazes que outras em certos ambientes. Assim, por exemplo, um hospital possui níveis de formalização e complexidade muito mais altos que uma livraria, tendo, assim, estruturas organizacionais distintas.

Além disso, Hall (1984) estabelece alguns fatores que também estão associados à estrutura de uma organização, como tamanho, tecnologia, ambiente e escolha estratégica. O tamanho é definido por Hall (1984) como a capacidade física da organização, o pessoal de que dispõe, seus insumos e produtos e seus recursos. Já a tecnologia é definida por Bowditch e Buono (1992) como as operações, o conhecimento técnico e as técnicas utilizadas ao longo do processo, tendo por base a natureza da tarefa que faz parte da produção ou da prestação de serviços. O ambiente, por sua vez, para Hall (1984) diz respeito aos ambientes social e físico dos quais a organização faz parte. Por fim, a estratégia, conforme Chandler (apud Bowditch e Buono, 1992), consiste na determinação das metas e dos objetivos básicos de longo prazo de um empreendimento, em conjunto com a adoção de linhas de ação e com a alocação dos recursos necessários para atingir as metas estabelecidas. Voltando ao exemplo anterior, um hospital, por ter de oferecer um volume considerável de serviços, necessitar de vários trabalhadores e exigir uma quantidade de recursos muito maior que uma livraria, terá um tamanho maior, exigirá uma tecnologia mais elaborada, terá um ambiente mais complexo e uma estratégia mais sofisticada.

Assim, verifica-se que as organizações podem ser caracterizadas de diversas formas, tendo estruturas que refletem suas propriedades. A partir dos mecanismos de coordenação apresentados e das partes que compõem uma organização, Mintzberg (1995) estabelece cinco configurações organizacionais básicas:

- *Estrutura simples.* Presente em organizações pequenas e jovens, com sistema técnico pouco sofisticado; é coordenada por supervisão direta, na qual a cúpula estratégica é a componente-chave; caracteriza-se principalmente pela centralização e por uma estrutura orgânica. Por exemplo: um departamento governamental, uma loja varejista de médio porte, uma corporação dirigida por um empreendedor agressivo etc.
- *Burocracia mecanizada.* Existente em organizações grandes e maduras, com sistemas técnicos regulados e não automatizados; é coordenada por meio da padronização dos processos, tendo por componente-chave a tecnoestrutura; caracteriza-se por formalização do comportamento, especialização do trabalho e certa centralização. Por exemplo: siderúrgicas, correios, penitenciárias etc.
- *Burocracia profissional.* Presente em ambientes complexos, com sistemas técnicos não regulados e não sofisticados; é coordenada pela padronização de habilidades e tem o núcleo operacional como componente-chave; caracteriza-se pela existência de treinamentos, especialização do trabalho e descentralização. Por exemplo: universidades e hospitais.
- *Forma divisionalizada.* Ocorre em organizações com mercados diversificados, antigas e de grande porte; é coordenada mediante a padronização de resultados, tendo a linha intermediária como componente-chave; caracteriza-se pelo agrupamento por mercado e pela existência de sistemas de controle de desempenho. Por exemplo: grandes corporações como a IBM ou uma universidade com diversos *campi* como a UFRJ.
- *Adhocracia.* Pode ser administrativa ou operacional, presente em ambientes complexos e dinâmicos, geralmente jovens com sistemas técnicos sofisticados; é coordenada pelo ajustamento mútuo, tendo como componentes-chave a assessoria de apoio (na adhocracia administrativa) e o núcleo operacional (na adhocracia operacional); caracteriza-se por

descentralização, especialização do trabalho, estrutura orgânica e existência de instrumentos de interligação. Por exemplo: órgão espacial, fábrica de produtos petroquímicos, empresas de filmes etc.

Observando os tipos de organização já descritos, percebe-se haver uma correspondência entre os mecanismos de coordenação, as partes da organização e sua estrutura, como mostra o quadro 2.

Quadro 2. As configurações básicas de uma organização

Configuração estrutural	Primeiro mecanismo de coordenação	Componente-chave da organização
Estrutura simples	Supervisão direta	Cúpula estratégica
Burocracia mecanizada	Padronização dos processos de trabalho	Tecnoestrutura
Burocracia profissional	Padronização das habilidades	Núcleo operacional
Forma divisionalizada	Padronização dos resultados	Linha intermediária
Adhocracia	Ajustamento mútuo	Assessoria de apoio ou núcleo operacional

Fonte: Adaptado de Mintzberg (1995).

Críticas à abordagem contingencial

Na abordagem contingencial, os sistemas organizacionais são considerados apenas reativos às condicionantes impostas objetiva e inexoravelmente pelo ambiente, sob pena de não alcançarem a eficácia organizacional. Esse enfoque é análogo à abordagem sistêmica, na qual se enfatiza a adaptação contínua da organização ao ambiente e seu ajuste interno às características e exigências desse ambiente, sob o risco de sofrer processo de entropia (morte). Critica-se, portanto, sua visão determinística, por enfocar excessivamente os imperativos ambientais.

As organizações, nessa corrente, não são reconhecidas como entidades ativas e políticas que constroem, influenciam e controlam os recursos e o curso dos acontecimentos no ambiente mais imediato em que atuam. As relações interorganizacionais (interações e negociações) e as da organização, coletivamente, com o ambiente também são deixadas de lado nessa perspectiva teórica. Privilegia-se a visão do meio ambiente como dado da realidade à qual a organização se adapta em detrimento da visão de um ambiente como fruto da interação e da negociação de diversos grupos organizacionais (Motta e Vasconcelos, 2006).

A abordagem contingencial representou um salto qualitativo nas teorias organizacionais sob o enfoque sistêmico-funcionalista e explicativo da administração, contribuindo para a melhor compreensão de como as diversas organizações "funcionam" e se relacionam com o ambiente e seus elementos-chave (tecnologia, mercado, governo, clientes, sociedade e concorrentes). Muitos estudos posteriores surgiram a partir da teoria da contingência.

6 Teorias contemporâneas

A abordagem institucional das organizações

O ambiente institucional e sua influência sobre as organizações nele inseridas têm ganhado cada vez mais espaço no ramo da administração. A ideia de que as organizações estão profundamente mergulhadas em um todo maior que fornece a elas elementos centrais para a sua sobrevivência e com o qual trocam continuamente informações contrasta com as teorias clássicas mecanicistas que tinham por preocupação apenas o cumprimento de metas e objetivos. Essa nova visão deu origem a diversas contribuições teóricas e empíricas, entre elas a teoria institucional.

As primeiras discussões que serviram de base ao surgimento da teoria institucional ocorreram na Alemanha do século XIX, em diversos campos de estudo, como sociologia, ciência política e economia.

Na sociologia, a análise institucional foi impulsionada de forma grandiosa a partir de trabalhos desenvolvidos por figuras como Émile Durkheim e Max Weber. Enquanto o primeiro procurava entender os elementos variáveis das bases da ordem social, o segundo preocupou-se em estudar de que modo as normas culturais exercem influência sobre as estruturas sociais (Scott, 1995). Já na economia, Scott (1995:2) diz que "economistas institucionais como Thorstein Veblen, John Commons e Westley Mitchell criticavam os modelos econômicos convencionais por suas suposições irreais e falta de atenção à mudança histórica".

A perspectiva institucional passou a ser considerada uma ferramenta de análise das organizações a partir da publicação dos trabalhos de

Philip Selznick, sobretudo *TVA and the grass roots* e *Leadesrhip in administration*. O primeiro é um estudo de caso sobre como ocorreu o processo de institucionalização em uma organização americana estatal de energia elétrica, a Tennessee Valley Authority. De acordo com Fachin e Mendonça (2003), Selznick observou que as estruturas formais de uma organização podem ser afetadas por dimensões não racionais próprias dos seres humanos, uma vez que nem estes nem suas organizações agem exclusivamente com base em suas estruturas formais. A segunda obra, ainda segundo Fachin e Mendonça, mostrou que uma organização não está apenas inserida em um ambiente, mas interage com ele, levando em conta elementos simbólicos que precisam ser considerados para que ela possa se legitimar. Para Carvalho e Vieira (2003:23), Selznick interpreta as organizações como uma "expressão estrutural da ação racional que, ao longo do tempo, estão sujeitas às pressões do ambiente social e transformam-se em sistemas orgânicos".

As abordagens organizacionais clássicas, apesar de introduzirem conceitos bastante importantes que permitiram o estudo da administração como ciência, negligenciaram aspectos essenciais, como o ambiente e a organização informal. Nesse sentido, as organizações eram vistas como células fechadas, que não sofriam qualquer influência externa, sendo tão somente objetos de preocupação os elementos internos a elas.

As teorias pré-institucionais giravam em torno de uma concepção exageradamente racionalista e técnica da administração. Para os seus principais formuladores, a lógica da máxima eficiência era a predominante. Nessa concepção, conforme Carvalho e Vieira (2003:23), "as ações são racionais e dirigidas a lograr objetivos definidos". Era função do administrador, portanto, controlar a máquina organizacional da melhor forma possível, tendo sempre em vista a rotinização de todas as operações. Já as contribuições da teoria geral dos sistemas e da teoria da contingência foram importantes para que a variável ambiental finalmente fosse considerada na análise organizacional. Entretanto, foram alvos de crítica por enfatizarem de maneira exagerada os elementos técnicos e financeiros, em detrimento dos fatores sociais e culturais que estão presentes no ambiente institucional e que são essenciais para o funcionamento organizacional (Scott, 1992).

A perspectiva institucional surgiu, a partir de então, como uma resposta mais direta a essas críticas, e acrescentou à noção de ambiente aspectos de caráter simbólico, contribuindo para uma nova visão do assunto, menos objetiva e racionalista.

Organizações e instituições

Primeiramente, cabe chamar a atenção para as principais diferenças entre as organizações e as instituições, uma vez que suas particularidades são importantes para a continuidade do estudo da abordagem institucional. Segundo Pacheco (2002), o fim de uma organização é tão somente a construção das tarefas que servirão para que ela alcance seus objetivos, enquanto uma instituição capta padrões de ordem social que são importantes para a sociedade como um todo. O quadro 3 resume mais detalhadamente essas diferenças básicas.

Quadro 3. Diferenças entre organização e instituição

Organização	Instituição
❑ Sistema sociotécnico destinado a otimizar meios para alcançar objetivos	❑ Sistema organizacional com funções sociais consideradas relevantes pela sociedade e por seus membros
❑ Organizações (lucrativas ou não lucrativas) baseadas na divisão racional e econômica do trabalho	❑ Organização com valor intrínseco (mística, identidade e caráter)
❑ Instrumento perecível e descartável, voltado para a realização de tarefas, a otimização de meios e o uso racional de tecnologias destinadas ao alcance de metas estabelecidas	❑ Organismo vivo, perene, adaptável, receptivo, produto de pressões e necessidades sociais relevantes

Fonte: Pereira (1997:120 apud Pacheco, 2002:21).

Dessa forma, torna-se necessário fazer distinção entre as duas categorias de ambiente com os quais a organização se relaciona: o técnico e o institucional. Ambiente técnico é aquele que contém os elementos diretamente relacionados às atividades da empresa, como mão de obra e capital, e no qual ocorre a produção dos bens e serviços que serão trocados no mercado.

A organização, segundo Scott (1992:158), "é premiada pelo controle eficaz e eficiente do processo de trabalho". Isso significa que o sucesso de determinada empresa se dá por meio de aspectos puramente técnicos, que focam apenas elementos qualitativos e quantitativos. Já o ambiente institucional "inclui as normas e os sistemas de crenças, bem como as redes de relações que surgem em um contexto social mais amplo" (Scott, 1992:14). Uma organização, portanto, deve levar em conta elementos como valores, regras e crenças compartilhados no ambiente institucional caso deseje obter sucesso. Assim, o ambiente técnico e o ambiente institucional devem se completar.

Além de adicionar novos elementos à percepção que se tinha do meio ambiente, a abordagem institucional questiona a teoria clássica por omitir de suas considerações a questão da legitimação da estrutura formal nas organizações. Esta não seria, segundo Meyer e Rowan (1977:343), apenas produto da "rede de relações na organização social", mas os elementos dessa estrutura, como programas, políticas, profissões e técnicas, seriam "manifestações de poderosas regras institucionais, funcionando como mitos altamente racionalizados", que acabariam internalizados pela empresa como um todo. Entende-se pela expressão "mitos racionais" (Meyer e Rowan, 1977:343), portanto, todos os fatos, ações e práticas aceitos e difundidos pelos membros de determinada organização e que funcionam como guia para o alcance dos objetivos almejados. Entretanto, a complexidade das redes da organização social e de troca é uma parte igualmente importante do processo de construção da estrutura formal das organizações. Daí advém o conceito de *isomorfismo*, trabalhado amplamente pelos autores institucionais.

Partindo do princípio de que as organizações sofrem influência constante do ambiente institucional no qual estão inseridas, conclui-se que as localizadas em um mesmo ambiente institucional tendem a apresentar práticas organizacionais semelhantes, ou seja, isomórficas, principalmente em suas estruturas e processos, uma vez que necessitam adotar práticas consideradas legítimas.

Meyer e Rowan (1977:348) discorrem a respeito do impacto que o ambiente institucional exerce sobre as organizações:

O isomorfismo e o ambiente institucional trazem algumas consequências importantes para as organizações: a) elas incorporam elementos que são legitimados externamente e não apenas em termos de eficiência; b) elas empregam critérios externos ou cerimoniais de avaliação para definir o valor dos elementos estruturais; e c) a dependência em instituições fixadas externamente reduz a turbulência e mantém a estabilidade. Como resultado, o isomorfismo institucional promove o sucesso e a sobrevivência das organizações.

Os autores defendem, portanto, a ideia de que as organizações se legitimam a partir do momento em que absorvem os elementos situados no ambiente institucional e se tornam isomórficas. Essa legitimidade é que as guia rumo à sobrevivência.

O processo de isomorfismo, segundo DiMaggio e Powell (1991), pode ocorrer a partir de três mecanismos distintos: o coercitivo, o normativo e o mimético.

- *Isomorfismo coercitivo.* Ocorre quando algumas instituições de caráter dominador exercem pressão formal ou informal sobre outras organizações para que estas adotem o comportamento ou as estruturas ditados por elas. O poder de coerção do governo, a legislação adotada por algumas instituições situadas em um mesmo ambiente institucional e a pressão que a sociedade exerce sobre as organizações são exemplos de isomorfismo coercitivo.
- *Isomorfismo normativo.* Esse tipo de isomorfismo é consequência da similitude de práticas organizacionais que são vistas como as mais corretas e eficientes por parte, por exemplo, de algumas entidades profissionais ou comunidades profissionais. Segundo Carvalho e Vieira (2003:34), "o sistema de ensino e, em particular, as universidades, onde se forma grande parte dos profissionais, são veículos privilegiados dos conjuntos de normas, regulamentos e práticas comuns a uma profissão".
- *Isomorfismo mimético.* Ocorre quando as organizações imitam os comportamentos, estruturas e práticas adotados por outras organizações. Tais elementos são considerados bem-sucedidos e são empregados por diversas razões, como dúvidas em relação a seus objetivos, tecnologia, entre outras.

Percebe-se que o comportamento isomórfico das organizações em relação às outras empresas líderes localizadas em seu mesmo ambiente institucional ocorre principalmente devido à tentativa das primeiras de se defenderem dos problemas para os quais não encontram solução por si mesmas. O desenvolvimento de técnicas similares por essas organizações facilita as transações interorganizacionais e favorece seu funcionamento interno a partir da absorção de regras socialmente aceitas (Machado-da-Silva e Fonseca, 1993).

Outro conceito igualmente importante para a compreensão da teoria institucional é o de campo. Segundo DiMaggio (1991:267), "para que se entenda a institucionalização das formas organizacionais, é necessário compreender primeiro a institucionalização e estruturação de campos organizacionais", sendo estes últimos o espaço em que diversas organizações relacionadas entre si estão inseridas e se relacionam. Leão Júnior (2002) corrobora esta última afirmação ao dizer que, conforme o campo se institucionaliza, as interações entre as organizações aumentam, fazendo com que ocorra um fluxo maior das informações a serem consideradas pelos gestores no momento em que devem tomar decisões. Aparecem também, segundo o autor, organizações de referência que passam a transmitir normas que irão se validar no campo.

Campos organizacionais

DiMaggio e Powell (1991:64) conceituam *campo organizacional* como "aquelas organizações que, no agregado, constituem uma área reconhecida da vida institucional: fornecedoras-chave, consumidores de recursos e produtos, agências regulatórias e outras organizações que produzem serviços ou produtos similares". Para Leca e Demil (2001:1), "o campo pode ser definido como um espaço social onde uma comunidade de organizações em interação defende seus próprios interesses e compartilha seu destino". O conceito de campo organizacional deve ainda ser distinguido do conceito de setor, já que, enquanto este último diz respeito àquelas organizações que competem e se relacionam diretamente entre si (DiMaggio, 1991; DiMaggio e Powell, 1991), o primeiro inclui ainda "todos os atores relevantes cujos recursos de poder não sejam necessariamente de ordem econômica" (Vieira e Carvalho, 2003:16).

As organizações que constituem o campo organizacional relacionam-se de forma constante e estão sempre interagindo entre si, de modo que exercem influência umas sobre as outras. A despeito dessa interação, Holanda (2003:38) afirma:

> Nesse conglomerado de organizações chamado de campo organizacional, os padrões de interação são definidos e estabilizados por lógicas de ação compartilhadas. Esta lógica de ação especifica jurisdições, papéis e comportamentos da comunidade de organizações, estabelecendo as fronteiras do campo e as regras dos seus membros.

O campo organizacional, portanto, pode ser definido como uma grande rede onde há uma relação de dependência contínua entre seus participantes, mas que também apresenta conflitos, competição e jogos de interesses. Além disso, as organizações que dele fazem parte "compartilham o mesmo sistema de valores, estão definidas pelos mesmos processos simbólicos e estão sujeitas aos mesmos processos regulatórios" (Scott, 1994:71).

Segundo Leca e Demil (2001), os agentes nem sempre estão conscientes da relação de poder existente dentro do campo organizacional no qual estão inseridos. Baseados em Berger e Luckmann (1967), os autores afirmam que o processo de institucionalização solidifica uma certa distribuição de papéis e concluem que as próprias instituições fazem com que as relações de poder sejam legitimadas, assegurando dessa forma uma certa estabilidade.

> Uma vez que o processo de institucionalização alcança um certo nível no campo, ele pode tornar-se cognitivo, mais ou menos usado como uma categoria mental. Assim, os atores no campo irão respeitar a instituição sem nenhum entendimento das relações de poder que estão por trás [Leca e Demil, 2001:4].

DiMaggio e Powell (1991:65) esclarecem que os campos só existem na medida em que são institucionalizados. Para os autores, esse processo de institucionalização, ou estruturação, é composto das seguintes partes:

Um aumento na interação entre as organizações do campo; a emergência de estruturas interorganizacionais de dominação e padrões de coalizão claramente definidos; o aumento na carga de informações com as quais as organizações devem contar e o desenvolvimento de uma consciência mútua entre os participantes.

É importante ressaltar que uma organização, a partir do momento em que ingressa em algum campo organizacional, é pressionada a atuar de forma semelhante à das demais organizações que já fazem parte dele, para que possa se legitimar. DiMaggio e Powell (1991:74), porém, afirmam que o grau e a extensão da mudança pela qual as organizações passam para que isso seja atingido variam dependendo das condições. Segundo os autores, "algumas organizações respondem às pressões externas de forma rápida; outras mudam apenas depois de um longo período de resistência".

A teoria da dependência de recursos

A teoria da dependência de recursos baseia-se em grande parte nos trabalhos de Aldrich e Pfeffer (1976a) e de Pfeffer e Salancik (1978). A teoria parte da premissa básica de que as decisões são tomadas no interior das organizações, no seu contexto político interno, levando em consideração o ambiente no qual estão inseridas para manipulá-lo a seu favor (Hall, 1984). As organizações, em maior ou menor grau, são dependentes de recursos – humanos, financeiros, matérias-primas, tecnológicos ou operações de serviços e produção – do ambiente, sem os quais seria impossível sua sobrevivência. As fontes de recursos, nesse modelo, seriam as outras organizações.

Para Hall (1984), o modelo de dependência de recursos tem fortes vínculos com a economia política das organizações, com a abordagem do intercâmbio da dependência e com a teoria da contingência – neste último caso por considerar as contingências ambientais e a inexistência de uma única maneira melhor de administrar, embora divirja dessa perspectiva no que diz respeito ao papel ativo das organizações.

Uma das variáveis consideradas na teoria da dependência de recursos é a distribuição de poder dentro das organizações, a qual afeta a natureza das escolhas estratégicas juntamente com as restrições e incertezas produzidas pelo ambiente. As unidades organizacionais que têm maior capacidade de lidar com as contingências ambientais são as que obtêm maior poder dentro da organização (Aldrich e Pfeffer, 1976b; Hall, 1984). As escolhas estratégicas, nesse modelo, seriam também influenciadas pela maneira pela qual os responsáveis pela decisão percebem, interpretam e avaliam o ambiente organizacional. A percepção se transforma em realidade, de forma que as condições ambientais só têm importância tal como são percebidas pelos tomadores de decisão das organizações (Hall, 1984). Sendo assim, o ambiente não só afeta as organizações, mas também é afetado por elas. Diferentes interpretações do ambiente levam os tomadores de decisão a diferentes escolhas estratégicas para atingir a eficácia organizacional. Nesse sentido, a realidade ambiental seria uma construção social (Berger e Luckmann, 1995) ou uma realidade subjetiva (Weber, 1947).

Apesar da capacidade das organizações de influenciarem o ambiente, enfatiza-se, nessa perspectiva teórica, que nenhuma delas é autossuficiente em relação aos recursos de que necessitam para sobreviver, procurando cada organização atuar estrategicamente para obter tais recursos da forma mais eficiente, seja produzindo-os, seja buscando-os no mercado, seja por meio de fusões ou alianças com firmas que disponham de tais recursos (Pfeffer e Salancik, 1978).

À luz da teoria da dependência dos recursos, fica evidenciado que as organizações lidam tanto com a interdependência quanto com a incerteza e tentam absorvê-las por meio de respostas conscientes e planejadas às contingências ambientais (Aldrich e Pfeffer, 1976b). Para tal, utilizam critérios para efetuar suas escolhas e ações estratégicas e modelar suas estruturas. As organizações realizam relações de troca com outras organizações no ambiente para obter recursos externos que não podem ser gerados internamente. Muitas vezes essa busca se dá por meio de estratégias de coalizões, que são interdependências complementares, de natureza não competitiva, entre organizações atuantes em um mesmo setor ou setores diferentes.

O poder é também um importante elemento para a análise das relações interorganizacionais. Quanto mais uma organização A depende de recursos de uma organização B, maior o poder de B em relação a A (Motta e Vasconcelos, 2006). No caso das coalizões – alianças, fusões e outras modalidades de vínculos interorganizacionais estratégicos –, o poder torna-se elemento central, pois tal estratégia implica negociações e concessões entre as partes integrantes, logo, a perda relativa de autonomia de cada organização. Com a coalizão, em contrapartida, formam-se grupos organizacionais, que por sua vez se tornam atores sociais maiores e mais fortes, ampliando sua capacidade política para negociar recursos e estruturar relações de poder.

Para Pfeffer e Salancik (1978), três fatores críticos determinam a dependência externa de uma organização em relação a outra. O primeiro refere-se à importância do recurso para a organização. O segundo tem a ver com a prudência na alocação e no uso dos recursos. E o terceiro são as poucas alternativas existentes de fornecedores desses recursos. Nessa perspectiva, quanto mais escasso o recurso, maior sua importância para determinada organização, e quanto menor o número de fornecedores desse produto no mercado, maior o poder de barganha desses fornecedores em relação à organização demandante, o que implica maiores custos para a aquisição do recurso. Analogamente, mas em outras palavras, quanto menos escasso um dado recurso, menor a sua relevância para determinada organização, e quanto maior o número de fornecedores de tal recurso, maior o poder de barganha dessa organização em relação a seus fornecedores. Foi baseando-se em parte na teoria de dependência de recursos e na economia dos custos de transação, que abordaremos a seguir, que Michael Porter elaborou seu modelo das "cinco forças competitivas" de uma indústria.[16]

Economia dos custos de transação

A economia dos custos de transação (ECT) é uma vertente da nova economia institucional e se baseia em grande parte nos estudos de Oliver Williamson,

---

[16] Para saber mais sobre o modelo analítico das "cinco forças competitivas", consultar Porter (1986).

que tiveram início em meados da década de 1970 e prosseguiram nos anos 1980 e 1990. A nova economia institucional, iniciada por Ronald Coase, parte da observação de que, diferentemente dos pressupostos da economia neoclássica, os custos de transação são positivos e as instituições influenciam o comportamento dos agentes econômicos. Os dois trabalhos de Ronald Coase, *The nature of the firm*, de 1937, e *The problem of social cost*, de 1960, são considerados basilares para o avanço dos estudos da economia dos custos de transação.

A nova economia institucional surgiu com o objetivo de identificar a melhor forma de organizar as transações econômicas. Para tanto, pretende explicar as diferentes formas organizacionais existentes e seus arranjos contratuais, enfocando o ambiente institucional e sua interação com as organizações. Na economia dos custos de transação, Williamson procurou demonstrar e explicar a existência e a operação das organizações, explicitando três formas básicas de estruturas de governança para que as transações se realizem: mercado, hierárquica (firma) e híbrida (redes, interorganizações).

Segundo Williamson, nas relações econômicas entre as firmas existem custos de transação, que são aqueles "necessários para negociar, monitorar e controlar as trocas entre as organizações, indivíduos e agentes econômicos" (Motta e Vasconcelos, 2006:380). Esses custos são os envolvidos nas trocas de recursos da organização com o ambiente e com outras organizações. Williamson (1985:388) identificou dois tipos de custos de transação que afetam diretamente o desempenho das unidades econômicas participantes: i) os custos *ex ante* de negociar e fixar as contrapartidas e salvaguardas do contrato, e ii) os custos *ex post* de monitoramento, renegociação e adaptação dos termos contratuais às contingências.

Os custos de transação ocorrem quando as transações de uma determinada organização com o seu mercado são ineficientes, principalmente pelas seguintes razões: racionalidade limitada e comportamento oportunista por parte de certos atores econômicos, especificidade de ativos, frequência, e incerteza sobre o futuro. O esforço dos agentes econômicos para minimizar os custos de transação reflete-se em seus padrões de conduta e em como organizam e coordenam as atividades econômicas (estruturas de governança).

Rejeitando a hipótese da economia neoclássica de que os agentes são dotados de racionalidade maximizadora, Williamson afirma, inspirando-se nos trabalhos de Herbert Simon, que é limitada a racionalidade de indivíduos e organizações para processar as informações disponíveis e necessárias à elaboração de contratos completos. Quanto mais complexo, instável e incerto o ambiente, maiores as dificuldades para processar informações e negociar e, consequentemente, maiores os custos de transação (Motta e Vasconcelos, 2006).

O segundo pressuposto básico da teoria dos custos de transação trata da questão do oportunismo. Oliver Williamson demonstrou que os atores econômicos muitas vezes comportam-se de forma oportunista. O oportunismo, definido por Williamson (1985:47) como "a busca do interesse próprio com malícia", decorre das assimetrias de informação entre as partes envolvidas na negociação. Distinguir esse comportamento numa gama variada de atores e buscar mecanismos de proteção contra ele implica custos de transação nas relações econômicas.

A especificidade dos ativos, por sua vez, relaciona-se à maior ou à menor possibilidade de utilização alternativa de um ativo tendo em vista os custos envolvidos no processo de produção. Quanto maior a especificidade de um ativo, menor tende a ser a possibilidade de sua utilização alternativa. As transações que envolvem ativos específicos implicam custos de transação maiores, visto que sua reutilização não ocorre de forma automática e sem provocar perdas.

A frequência refere-se à regularidade ou à recorrência de uma transação. A repetição de uma mesma espécie de transação é importante para escolher a estrutura de governança adequada à sua realização. Discute-se a categoria analítica frequência associando-a à especificidade dos ativos, pois, segundo a teoria, transações de ativos específicos requerem estruturas organizacionais especializadas, cujos custos são elevados e só se justificam quando as transações são recorrentes.

Outro aspecto importante a ser destacado em relação à economia dos custos de transação é a influência do ambiente institucional sobre as transações e as estruturas de governança. Os trabalhos sobre ambiente institucional, na perspectiva da nova economia institucional, surgiram principalmente a partir dos estudos de Douglass North. O autor enfatiza o ambiente institucional, que, para ele, é preponderante nas relações interorganizacionais, no comportamento das firmas e em sua arquitetura. North (1990) define instituição como "as regras do jogo" que regulam as condutas dos agentes econômicos. Traçando um paralelo entre o institucionalismo econômico e a ECT, diz que quanto mais desenvolvida for uma sociedade, mais claras serão as regras do jogo (estáveis e definidas) e, consequentemente, menores os custos de transação. North reconhece que as organizações são configuradas tendo em vista a busca da eficiência e que esta é pautada pelo ambiente institucional. A estabilidade e a solidez do ambiente institucional no qual ocorrem as relações interorganizações contribuem para a redução dos custos de transação. North fez, pois, uma análise macroinstitucional, relacionando o ambiente institucional e o desempenho econômico das organizações.

Diversos autores identificaram uma correspondência entre a ECT e a teoria da dependência de recursos, consideradas abordagens complementares e com foco nas relações interorganizacionais. Segundo Motta e Vasconcelos (2006:381), "pode-se dizer que quanto maior for a dependência que uma organização tem dos recursos fornecidos pela outra (por exemplo, que um cliente tem de um fornecedor), maior será o tipo de controle que essa organização procurará exercer sobre a outra, a fim de reduzir a incerteza da dependência". E complementam o pensamento afirmando que, por sua vez, "quanto maior for o nível de controle que uma organização tentar exercer sobre a outra para reduzir a incerteza, maiores serão os custos de transação envolvidos nessa operação".

Ecologia populacional

Nos anos 1970 ficou claro que as teorias existentes não tinham respostas convincentes para a enorme diversidade organizacional. Perguntas como "por que há tantos tipos de organizações?" (Hannan e Freeman, 2005:75) ficavam sem respostas completas. À época, a ideia organizacional predominante era que o sucesso organizacional era fruto da capacidade das empresas de adaptar suas estruturas internas às características de seu ambiente. Todavia, tal concepção resultava de uma pesquisa limitada em termos de abrangência. De acordo com Hannan e Freeman (2005), normalmente os estudos organizacionais deixam de considerar mais empresas do que se imagina. Uma pesquisa dos primeiros 100 anos da indústria automobilística norte-americana detectou que, entre 1885 e 1995, 2.195 firmas produziram um ou mais automóveis para venda, mas 3.845 empresas tentaram produzir e vender automóveis sem sucesso (Carroll e Hannan, 2000). Assim, como os estudos do setor automobilístico deixaram de considerar muitas das empresas periféricas da população estudada, suas análises apresentam um sério problema de seletividade, pois são limitadas no que diz respeito a explicar as características organizacionais que implicam sucesso e/ou fracasso.

Percebendo-se as limitações metodológicas existentes e as similaridades entre os processos de mudança das populações organizacionais e biológicas, foi proposta a utilização de modelos e ideias oriundos da teoria da seleção das espécies de Darwin. Dessa forma, poder-se-ia analisar melhor o mundo organizacional em termos de composição e diversidade, entendendo-se por composição a distribuição das organizações em suas populações e, por diversidade, a variedade de organizações em uma dada população (Hannan e Freeman, 2005). Aldrich e Pfeffer (1976b) afirmam que, no modelo ecológico, são os fatores ambientais que selecionam as características organizacionais que melhor se adaptam ao ambiente. Para Hall (1984:227), o modelo da ecologia organizacional retrata um ambiente que não é formado por atores humanos, sendo, antes, uma condição desprovida de sentimentos e de interesses, na qual as organizações precisam operar. Embora reconheça que as decisões dos dirigentes organizacionais são importantes e influenciam suas organizações, o modelo ecológico considera que as incertezas advindas do ambiente fazem com que seja pequena a probabilidade de acerto das decisões gerenciais, ressalta que tais decisões são limitadas no que diz respeito a influenciar a população organizacional e, finalmente, afirma que as organizações dificilmente são capazes de mudar de estratégia e estrutura de modo a acompanhar as mudanças ambientais.

A ecologia organizacional tem como nível básico de análise a população organizacional, entendida como o conjunto de organizações com características estruturais próximas e padrões similares de utilização de recursos. Outro ponto focal de pesquisa é a interação das comunidades organizacionais, definidas pelo conjunto de populações que vinculam suas atividades de forma dependente e não competitiva. De acordo com Singh e Lumsden (1990), o modelo ecológico enfatiza o processo dinâmico e evolucionário de mudança da composição e da diversidade das populações organizacionais. Para tanto, focaliza suas investigações em como as condições sociais influenciam as taxas de formação de novas organizações e formas organizacionais, a taxa de mortalidade de organizações e formas organizacionais e as taxas de mudança das formas organizacionais.

A teoria da ecologia organizacional apresentou uma nova perspectiva metodológica ao reforçar a ideia da mudança por seleção ao invés de por adaptação, ao mudar o nível de análise para o da população e da comunidade organizacionais e ao introduzir um foco dinâmico no estudo das organizações. Baum (1998) classifica as pesquisas ecológicas em duas perspectivas de análise: a da fundação e mortalidade organizacionais e a da mudança organizacional. Tais abordagens são classificadas em processos, sendo cada processo dividido em temas, com suas principais variáveis organizacionais.

O estudo da diversidade organizacional também depende da estrutura dos nichos (Hannan e Freeman, 2005). Para Aldrich (1979:28), nichos são "combinações distintas de recursos e outras limitações suficientes para apoiar uma forma organizacional". De acordo com Baum (1998), Hannan e Freeman usam a teoria do nicho para formular o modelo de capacidade diferencial de sobrevivência das organizações especializadas. "As pesquisas sobre nichos demonstraram que nichos limitados tendem a apoiar organizações especializadas, ao passo que grupos mais amplos apoiam organizações de cunho mais geral" (Hall, 2004:248).

Hannan e Freeman (1984) notaram que o modelo ecológico, por ter nas organizações a sua menor unidade de análise, vinha apresentando uma visão simplista. Esse ponto de vista não considerava que em certas partes das organizações frequentemente acontecem mudanças adaptativas (teoria contingencial) e muitas vezes de forma rápida. Para solucionar tais problemas, Hannan e Freeman dividiram as características organizacionais em dois tipos: as centrais – aquelas que são de fundamental importância na mobilização dos recursos das empresas – e as demais características, como amplitude de controle, padrões de comunicação, número de níveis hierárquicos etc., denominadas características periféricas. Hannan e Freeman identificaram como características centrais os objetivos organizacionais (as bases em que a legitimidade e os outros recursos são mobilizados), as formas de autoridade (intra e interorganizacional), a tecnologia principal (especialmente aquelas que envolvem capital de investimento, infraestrutura e habilidades dos funcionários) e a estratégia de marketing (os tipos de público para os quais as organizações orientam seus produtos e as maneiras utilizadas para atrair investimentos).

A teoria da inércia estrutural ampliou as possibilidades de verificar o impacto da seleção ambiental nas organizações, pois expandiu o nível de análise das pesquisas ecológicas. Essas novas variáveis permitiram verificar que as características centrais têm níveis mais altos de inércia do que as características periféricas, e que a probabilidade de ocorrerem mudanças nas características centrais declina com a idade e com o tamanho (Hannan e Freeman, 1984). Para Baum (1998:174), "talvez o aspecto mais marcante da teoria da inércia estrutural seja a relação hipotética entre a mudança das características centrais e a suscetibilidade dos novatos, a propensão que as organizações mais jovens têm para taxas de fracasso mais altas".

Assim, uma mudança nas características centrais altera a legitimidade adquirida e rompe com os processos internos, fazendo com que a empresa passe a ter a mesma suscetibilidade ao fracasso das organizações novatas. É interessante observar que, para o modelo ecológico, as mudanças ambientais selecionam as características organizacionais e que as empresas com maior inércia organizacional são aquelas que têm maior probabilidade de sobrevivência. Portanto, para se perpetuarem, as empresas têm de se ajustar aos ambientes, mas, segundo a teoria da inércia, quando esses ajustes ocorrem nas características centrais, a probabilidade de mortalidade da empresa aumenta.

Singh e Lumsden (1990) identificaram que a teoria da ecologia organizacional é limitada em função de seu aspecto determinístico, pois a sobrevivência das organizações dependeria única e exclusivamente de razões ambientais. Para Perrow (1979, apud Hall, 2004), as organizações não são massas inertes; elas atuam e exercem impacto na sociedade. Pessoas, grupos e organizações apoiam ou reagem às ações organizacionais de acordo com seus interesses. Verifica-se que "o modelo afasta as variáveis de poder, conflito, rompimento e classe social da análise dos processos sociais" (Perrow, 1979:243, apud Hall, 2004:249). Outro aspecto que faz com que o determinismo do modelo ecológico atraia críticas é seu desprezo pelo impacto das ações gerenciais nas organizações. Aldrich e Pfeffer (1976a) entendem que a ecologia organizacional é limitada porque pressupõe a existência da concorrência perfeita, o que raramente acontece. Para Singh e Lumsden (1990) essa objeção está especificamente ligada ao modelo de dependência da densidade, que tem por premissa o fato de que todas as organizações exercem o mesmo impacto sobre as suas populações, o que não é verídico. As grandes organizações têm maior competitividade no mercado. Singh e Lumsden (1990) acrescentam que o modelo ecológico concentra suas pesquisas em pequenas organizações, desconsiderando as grandes, que geram elevados impactos econômicos. As grandes empresas possuem tanto poder que não estão sujeitas às mesmas pressões ambientais das pequenas. Outro aspecto problemático do modelo ecológico é que existem diversos questionamentos conceituais sobre "o significado e a definição dos conceitos centrais da teoria, tais como organização, população, fundação, fracasso e legitimidade" (Baum, 1998:184).

Críticas às abordagens ambientais contemporâneas

Algumas limitações da teoria da dependência de recursos são ressaltadas por Aldrich e Pfeffer (1976a), ao detectarem a existência de limites quanto à faixa de escolhas acessíveis aos tomadores de decisões, como barreiras legais e econômicas. Os autores destacam ainda que o poder de alterar o ambiente só se aplica às grandes organizações. Outros autores afirmam que essa perspectiva teórica não é clara em especificar o que norteia a ação gerencial. Hall (1984) destaca que o impacto do modelo de dependência de recursos incide sobre como as organizações lidam com as contingências ambientais, mas a abordagem é incompleta por desconsiderar a ideia das metas organizacionais em sua análise. Motta e Vasconcelos (2006) afirmam que uma das limitações dessa teoria é que, ao enfocar uma organização específica e as relações que estabelece com outras, ignora as influências do ambiente institucional.

Em relação à economia dos custos de transação, os críticos destacam a importância dos estudos de Williamson, que enfocam os custos de transação, em vez dos custos de produção. Hall (1990), contudo, aponta que a abordagem dos custos de transação fornece respostas apenas parciais para as questões organizacionais e que a questão do poder não é analisada com a profundidade desejada.

Já com relação à abordagem institucional, a principal crítica que se faz a ela é que tem caráter conservador, especialmente por deixar de lado o elemento poder e ter como foco o fenômeno do isomorfismo entre as organizações que atuam em um mesmo campo (Carvalho, Goulart e Vieira, 2004).

O poder nas organizações

Um tema que, mais recentemente, tem sido bastante discutido e analisado pelos pesquisadores da área da administração é o poder nas organizações e os conflitos de interesse entre os diversos indivíduos e grupos que nelas atuam. Os teóricos que analisam as organizações com base nessa abordagem rejeitam a noção de que as empresas devem ser entendidas como sistemas compostos por diversas partes que se inter-relacionam de forma sinérgica. Isto porque, na visão deles, a metáfora do *sistema* inevitavelmente remete à ideia de harmonia e acaba por rejeitar a ideia de conflito. Evidentemente, se considerarmos que as organizações nas quais atuamos são um sistema e, como tal, devem funcionar de forma integrada e sinérgica, então qualquer conflito que por acaso venha a ocorrer nesses espaços será visto como algo negativo, uma vez que interfere no bom funcionamento e no dia a dia da empresa, gerando uma *disfunção*.[17] Já a abordagem do poder, ao contrário

---

[17] Esse tema é discutido mais detalhadamente no capítulo 4.

da abordagem sistêmica das organizações, considera que não se pode entender a dinâmica das relações sociais existentes nas organizações sem levar em conta que todos os seus integrantes estão em uma constante luta por recursos de poder. Assim, todas as organizações devem ser consideradas arenas de disputas, conflitos e coalizões entre indivíduos e grupos com interesses divergentes.

Segundo Hatch (1997), muitos teóricos que estudam o poder nas organizações começam suas análises partindo da definição do cientista político Robert Dahl, para quem poder é a capacidade que A tem de fazer com que B faça algo que normalmente não faria. Assim, por esse ponto de vista, o poder não é uma característica específica de nenhum ator em particular, mas deve ser analisado a partir da relação entre os atores sociais.

Para Robbins, Judge e Sobral (2010), há cinco bases de poder, isto é, cinco fontes que possibilitam que determinado indivíduo ou grupo influencie os demais, a saber:

- *Poder coercitivo*. Corresponde ao poder baseado no medo que emana da aplicação ou da possibilidade de aplicação de punições ou de frustrações causadas por impedimentos e controles.
- *Poder de recompensa*. Trata da submissão obtida com base na distribuição de benefícios tidos como valiosos.
- *Poder legítimo*. Diz respeito ao poder que é atribuído a determinada pessoa como resultado de sua posição hierárquica formal na organização e que é aceito pelos demais membros dessa organização.
- *Poder de competência*. Corresponde à influência, fundamentada em competências, conhecimentos ou habilidades específicas, exercida sobre determinado indivíduo ou grupo.
- *Poder de referência*. Trata-se do poder exercido por um indivíduo com base na posse de características pessoais ou recursos desejáveis por aqueles que são influenciados.

Os autores classificam as três primeiras categorias – poder coercitivo, poder de recompensa e poder legítimo – como poder formal, já que dependem da posição que o indivíduo ocupa numa organização; já o poder de competência e o poder de referência são classificados pelos autores como poder pessoal, porque estão relacionados com as características do indivíduo.

Para Hatch (1997), o poder pode envolver coerção (ameaça de uso da força), recompensas diversas (recursos materiais desejados pelos atores que atuam na organização), normas (a legitimidade conferida por pressupostos culturais e sistema de valores) e conhecimento (o controle de informações únicas e que são requeridas pelos membros da organização). A autora cita também a tipologia organizacional formulada pelo sociólogo norte-americano Amitai Etzioni, que caracteriza as organizações com base nas seguintes fontes de poder: coercitiva (típicas de prisões e hospitais psiquiátricos), calculista ou remunerativa (empresas privadas) e normativa (igrejas, organizações não governamentais etc.). Ela diz ainda que podem ser acrescentadas à tipologia de Etzioni outras fontes de poder, como a *expertise* (ou conhecimento especializado), típica de modelos de organizações mais contemporâneas como redes, *joint-ventures* e alianças estratégicas.

Há algumas estratégias ainda que, segundo Robbins, Judge e Sobral (2010), servem para traduzir o poder em ações específicas. São elas:

- *Legitimidade*. Solicitação baseada na autoridade da posição exercida ou baseada em políticas e regras da organização.
- *Persuasão racional*. Uso de argumentos lógicos e fatos que justifiquem a relevância ou viabilidade da ação.
- *Apelo inspiracional*. Estabelecimento de uma relação emocional, baseada no apelo a valores, crenças e necessidades, por exemplo.
- *Consulta*. Envolvimento da pessoa da qual se deseja o apoio no processo de planejamento da ação.
- *Troca*. Obtenção de apoio em troca da oferta de favores ou benefícios imediatos ou no futuro.
- *Apelo pessoal*. Baseada na amizade ou lealdade.
- *Insinuação*. Obtenção de apoio por meio de um comportamento amigável, bajulação e elogios.
- *Pressão*. Influência realizada por meio de ameaças e exigências.
- *Coalizão*. Baseada em alianças construídas com outras pessoas para obtenção de apoio.

Ainda segundo Robbins, Judge e Sobral (2010), quando os funcionários de uma organização traduzem seu poder em ações, eles estão fazendo política. Para o autor, o comportamento político corresponde às atividades que não são requeridas como parte do papel formal da organização, mas que podem influenciar a distribuição de vantagens e desvantagens dentro dela. Tal comportamento político pode ser ainda, de acordo com Robbins, legítimo, quando se refere à política normal do dia a dia organizacional, ou ilegítimo, quando viola as regras estabelecidas na organização.

Já Hatch (1997) afirma que toda vez que há desacordo entre os membros de uma organização a respeito dos objetivos ou dos meios a serem utilizados para que tais objetivos sejam atingidos, o processo de tomada de decisões é influenciado pelos efeitos do poder e da política. As teorias sobre política nas organizações, segundo a autora, podem tanto focar a relação existente entre o poder e os arranjos estruturais (como a hierarquia de autoridade), quanto explicar como situações que envolvem recursos escassos injustamente distribuídos ou decisões contestadas pelos membros são resolvidas dentro das organizações. Segundo Hatch (1997:282):

> Devido ao fato de que interesses distintos são construídos dentro de uma organização (diferenças entre unidades, diferenças nas perspectivas de diferentes níveis de autoridade na hierarquia), cada decisão representa nada menos do que uma oportunidade para negociação e renegociação em um fluxo contínuo de negociações de caráter político que constitui a organização. Essa é a perspectiva política que descreve as organizações como fundamentalmente plurais (divididas entre facções, subunidades e subculturas) e sugere que aspectos políticos de tomada de decisões dentro das organizações são alinhados de maneira muito próxima a ideias como os conflitos e contradições [...].

Para Morgan (1996:163), "o poder é o meio através do qual os conflitos de interesses são, afinal, resolvidos". O autor, assim como Robbins, Judge e Sobral (2010), procurou entender como se dá a dinâmica do poder nas organizações e, para tanto, procurou identificar como os membros de uma organização tentam exercer influência sobre os demais, a partir da análise de diferentes fontes de poder. São elas:

- *Autoridade formal.* Um tipo de poder legitimado, isto é, reconhece-se que determinado indivíduo tem o direito de exercer seu comando sobre outras pessoas e que estas têm a obrigação de obedecer. Em geral está associada à posição de uma pessoa na organização.
- *Controle de recursos escassos.* Uma fonte de poder na qual um indivíduo ou grupo exerce controle sobre os recursos dos quais alguém de alguma forma depende, como dinheiro, materiais, tecnologias, fornecedores, entre outros.
- *Uso de estrutura organizacional, regras e regulamentações.* A estrutura organizacional, as regras e as regulamentações próprias de uma organização não são apenas instrumentos racionais que objetivam facilitar o desempenho do trabalho, mas, sobretudo, reflexos da constante luta pelo poder que se dá no interior das organizações.
- *Controle de processos decisórios.* Controlando o conhecimento e as informações, um indivíduo pode influenciar a maneira de agir de diferentes pessoas em relação a determinadas situações.
- *Habilidade de lidar com a incerteza.* Como situações imprevisíveis ou descontínuas são próprias da vida organizacional, a capacidade de um indivíduo de lidar com essas incertezas faz com que ele ganhe poder na organização.
- *Controle da tecnologia.* Muitas organizações tornam-se dependentes de alguma tecnologia básica que é vital para a transformação de insumos organizacionais em resultados (como uma linha de montagem ou um sistema de computadores). Os indivíduos que controlam essa tecnologia tornam-se conhecedores de detalhes complexos da operação e, por isso, obtêm poder.
- *Alianças interpessoais, redes e controle de "organizações informais".* As pessoas, denominadas por Morgan (1996:202) "políticos organizacionais habilidosos", que estabelecem alianças e redes interpessoais, ou seja, procuram construir alianças e coalizões, obtêm poder por meio dessas relações.
- *Controle da contraorganização.* Consiste na capacidade que uma pessoa tem de contrabalançar o poder de grupos rivais. Alguém que, por exemplo, se torne membro de um sindicato ou de um grupo de pressão (como uma ONG) pode passar a exercer alguma influência sobre a contraorganização e, assim, equilibrar as relações de poder.

- *Simbolismo e gerenciamento de sentido.* Ocorre quando a liderança organizacional é hábil o bastante para definir a realidade para os demais integrantes da organização. Muitos desses líderes evocam imagens, ideias e valores com a intenção de ajudar seus subordinados a lidar com alguma situação específica. Essa é uma forma de poder simbólico, que se traduz na capacidade do líder de administrar o significado e as interpretações de uma realidade específica.
- *Uso do poder que já se tem.* Situação na qual o indivíduo que já detém poder na organização se utiliza deste para adquirir mais poder.

No que diz respeito à primeira fonte de poder arrolada acima – a autoridade formal –, Hatch (1997) afirma que alguns aspectos a distinguem de outras formas de poder. Primeiramente, a autoridade seria uma forma de poder legitimada na configuração organizacional. Sendo assim, a "autoridade ocorre quando o desenvolvimento de normas e expectativas torna o exercício do poder tanto aceitável quanto esperado". Ainda segundo Hatch (1997:284):

> Nesse ponto de vista, organizações são formadas por uma distribuição e redistribuição ativa de poder entre unidades e indivíduos, mas quando uma distribuição particular torna-se aceita como parte normal das operações diárias de uma organização, consequentemente a distribuição do poder é cristalizada em uma estrutura de autoridade produzida por expectativas sobre como aqueles dotados de autoridade irão comportar-se e como os outros se comportarão em relação a eles.

Em segundo lugar, afirma Hatch (1997:284), a autoridade acarreta custos menores do que outras formas de poder. Isto porque o uso de alguma fonte de poder não legitimada (ou não autorizada) por parte de algum grupo ou indivíduo dentro da organização demanda "gasto de recursos tais como a *expertise* ou atenção pessoal, ou o ato de comprometer-se em troca de apoio em alguma questão específica". Ainda segundo a autora, após serem gastos, tais recursos não podem ser recuperados e os grupos ou indivíduos que antes detinham tais fontes devem substituí-las imediatamente, sob pena de terem sua base de poder extinta. A autoridade, nesse sentido, torna-se muito menos onerosa para aqueles que dela fazem uso, já que é aceita e esperada pelos demais membros da organização.

Em terceiro lugar, Hatch, baseada em Knights e Roberts (1982), afirma que há uma diferença muito clara entre autoridade e coerção. A autoridade é uma fonte de poder que não é contestada pelos membros da organização, uma vez que estes aceitam, voluntariamente, as ordens e a direção daqueles que a detêm. Sendo assim, a autoridade é mantida pela confiança mútua entre aquele que a exerce (o chefe) e os que a aceitam e a seguem (subordinados), o que faz dela uma relação de caráter moral. Caso os indivíduos que se encontram em posições de autoridade recorram à coerção como forma de obter a obediência de seus subordinados, a relação de autoridade antes existente é rompida, uma vez que esta não se dá por imposição, mas, como já dito, pela aceitação voluntária dos membros da organização.

Hatch, baseada em Pfeffer (1981), afirma que a autoridade é marcada pela adoção, por quem a exerce, de símbolos que deixam transparecer claramente essa fonte de poder. Entre os símbolos frequentemente adotados por indivíduos que possuem autoridade sobre outros, temos a localização, os tipos e o tamanho de seus escritórios; a exigência de que os subordinados os chamem por títulos diversos, como senhor, doutor, professor etc.; estacionamentos privativos; altos salários; benefícios diversos, entre outros. Por fim, Hatch (1997:285) também deixa claro que é comum que indivíduos e grupos disputem a posse de símbolos de poder sem que necessariamente tenham alguma autoridade formal, o que muitas vezes torna mais complexa nossa interpretação do poder nas organizações. Assim, afirma a autora, "em algumas organizações, a competição por símbolos de *status* pode ser tão ou mais intensa do que a competição pela própria autoridade que os símbolos representam".

Robbins, Judge e Sobral (2010) afirmam que, em muitas situações, o poder é exercido por meio da formação de coalizões, o que ocorre quando não se pode sair em busca do poder individual. Acontece uma coalizão, segundo Robbins, quando duas ou mais pessoas inicialmente sem poder se juntam e, combinando recursos próprios, aumentam seus ganhos individuais.

As coalizões mais bem-sucedidas são as que se formam rapidamente e, logo após a concretização de seus objetivos, se desfazem. Em muitas organizações, de acordo com Morgan (1996), tais coalizões são construídas em torno de figuras-chave da organização, como seus diretores ou presidente, e cada membro da coalizão participa dela a partir de alguma exigência feita e que pode ser encarada como o preço da participação. Morgan afirma ainda que, algumas vezes, as coalizões são formadas por atores menos poderosos, que buscam o apoio de outros atores com vistas a aumentar o poder de forma conjunta. Em outras ocasiões as coalizões são formadas por atores poderosos que buscam tão somente consolidar o poder que já têm.

Cabe concluir, portanto, que o poder é um elemento que não se pode deixar de considerar quando se quer compreender mais a fundo a dinâmica das relações sociais no interior das organizações, como estas são reproduzidas e, principalmente, como acabam influenciando a própria estruturação e os processos de mudança que ocorrem nesses espaços. Se não entendermos que as organizações são, como diversos autores apontam, uma "arena" em que disputas pelos diversos recursos de poder, conflitos e coalizões ocorrem a todo instante, corremos o risco de tratá-las por uma perspectiva demasiadamente racional e técnica, eliminando o que move os indivíduos: a busca pela realização e satisfação de seus interesses pessoais.

7 Precursores da TGA no Brasil: Alberto Guerreiro Ramos, Maurício Tragtenberg e Fernando Cláudio Prestes Motta

Até este capítulo, apresentamos as teorias administrativas hegemônicas no campo dos estudos organizacionais, cujas construções ocorreram majoritariamente em contextos estrangeiros, com as devidas críticas que lhes vêm sendo feitas por pesquisadores e intelectuais brasileiros e internacionais. Boa parte dessas teorias situa-se no quadro paradigmático funcionalista, que, segundo Burrell e Morgan (1979) e Gióia e Pitre (1990), é dominante na teoria e na pesquisa organizacionais. Tais teorias, vinculadas ontológica e epistemologicamente ao positivismo, buscam regularidades, a manutenção do *status quo* e efetuar testes para predizer e controlar a realidade.

Este capítulo apresenta as contribuições de três dos principais autores brasileiros ao campo da administração – Alberto Guerreiro Ramos, Maurício Tragtenberg e Fernando Cláudio Prestes Motta –, cuja produção intelectual é vasta, densa e tem enriquecido as discussões críticas nos estudos organizacionais. Essas contribuições situam-se em um quadro paradigmático diametralmente oposto ao funcionalismo, pautam-se por pressupostos e valores humanistas radicais, buscam descrever e criticar para mudar a realidade que investigam, e alcançar a liberdade humana (emancipação) pela revisão da consciência (crítica).

Dessa forma, os trabalhos desses autores são de extrema relevância para o campo, pois, além de serem pensamentos e teorias produzidos com base no contexto brasileiro e em sua realidade social e organizacional, abrem caminho para uma teoria das organizações contra-hegemônica, mais humanista e libertária em seus propósitos.

Alberto Guerreiro Ramos: a nova ciência das organizações

O sociólogo Alberto Guerreiro Ramos nasceu em 13 de setembro de 1915, em Santo Amaro (BA). Em 1946 "diplomou-se em ciências pela Faculdade Nacional de Filosofia do Rio de Janeiro, no então Distrito Federal, bacharelando-se um ano depois pela Faculdade de Direito da mesma cidade" (Abreu et al., 2001).

Após o segundo governo de Getúlio Vargas, Guerreiro Ramos atuou no Instituto Superior de Estudos Brasileiros (Iseb), um dos principais centros de pesquisas da época e que reunia intelectuais como Helio Jaguaribe, Cândido Mendes, Álvaro Vieira Pinto, entre outros. O Iseb tinha como um de seus principais objetivos estudar, ensinar e divulgar as ciências sociais e gerar dados que pudessem ser úteis à compreensão crítica do contexto brasileiro, e também elaborar um "instrumental teórico que permitisse o incentivo e a promoção do desenvolvimento nacional". A instituição constituía-se ainda em "um dos núcleos mais importantes de formação da ideologia 'nacional-desenvolvimentista' que impregnou todo o sistema político brasileiro no período compreendido entre a morte de Vargas, em 1954, e a queda de João Goulart, em 1964" (Abreu et al., 2001). Guerreiro Ramos também foi professor visitante da Universidade Federal de Santa Catarina (UFSC) e professor da Escola Brasileira de Administração Pública (hoje Escola Brasileira de Administração Pública e de Empresas) da Fundação Getulio Vargas.

A partir dos anos 1960, Guerreiro Ramos atuou na política como deputado pelo Partido Trabalhista Brasileiro (PTB), tendo como principais plataformas o "intervencionismo econômico", o "monopólio estatal do petróleo", a "reforma agrária", entre outros. Em abril de 1964, porém, "teve seus direitos políticos cassados pelo Ato Institucional nº 1" e, em 1966, "deixou o país [...], radicando-se nos Estados Unidos, onde passou a lecionar na Universidade do Sul da Califórnia" (Abreu et al., 2001).

A nova ciência das organizações e a crítica à sociedade centrada no mercado

Em uma de suas obras mais importantes, *A nova ciência das organizações*, lançada em 1981, Alberto Guerreiro Ramos (1981:xi) afirma que procurou apresentar "o arcabouço conceitual de uma nova ciência das organizações" e que seu objetivo era "contrapor um modelo de análise de sistemas sociais e de delineamento organizacionais de múltiplos centros ao modelo atual centralizado no mercado, que tem dominado as empresas privadas e a administração pública". O argumento do autor é que o corpo teórico dominante na administração, por estar centrado no mercado, só podia ser aplicado a determinados tipos de atividades e de organizações; neste caso, as empresas.

Logo no início da obra, Guerreiro Ramos acusa a teoria da organização mais aceita de ser ingênua, uma vez que está baseada em um tipo de racionalidade predominante nas ciências sociais do Oriente, mas que tem origem no campo das ciências naturais, qual seja, a racionalidade instrumental.[18] Segundo Ramos (1981:2):

> A palavra ingenuidade é usada aqui no sentido em que a empregou Husserl, que reconheceu que a essência do sucesso tecnológico e econômico das sociedades industriais desenvolvidas tem sido uma consequência da intensiva aplicação das ciências naturais. No entanto, a capacidade manipuladora de tais ciências não constitui, necessariamente, uma indicação da sua sofisticação teórica [...] Em outras palavras, as ciências naturais do Ocidente não se fundamentam numa forma analítica de pensamento, já que se viram apanhadas numa trama de interesses práticos imediatos [...] No fim de contas, as ciências naturais podem ser perdoadas por sua ingênua objetividade, em razão de sua produtividade. Mas essa tolerância não pode ter vez no domínio social.

O autor também explica que a ingenuidade da teoria organizacional, ao mesmo tempo que é responsável por seu próprio sucesso prático, exerce um "impacto desfigurador sobre a vida humana associada". Isso só é possível, diz ele, por meio de uma "fraude autoimposta" em que as pessoas preferem suspender suas críticas à teoria organizacional prevalecente e, com isso, fingir "que a ingenuidade é o certo, enquanto a sofisticação teórica é o

---

[18] O conceito de racionalidade instrumental foi explicado mais detalhadamente no capítulo 1.

errado", tornando a própria teoria da organização "pouco prática e inoperante" (Ramos, 1981:1). Ainda afirma Ramos (1981:22):

> Deve ser dito que, a fim de salvar o que na moderna ciência social é correto, é necessário compreender o caráter precário de seus principais pressupostos, a saber, que o ser humano não é senão uma criatura capaz do cálculo utilitário de consequências e o mercado, o modelo de acordo com o qual sua vida associada deveria organizar-se.

Ramos (1981:50) também afirma que a teoria organizacional predominante sofre do que classifica como uma "síndrome comportamentalista", ou seja, a falta de "uma compreensão exata da complexidade da análise e desenho dos sistemas sociais". Isso se deve, segundo ele, ao uso excessivo de teorias provenientes da psicologia por parte da ciência que se dedica ao estudo das organizações. O autor, nesse sentido, faz uma importante distinção entre *comportamento* e *ação*:

> Uma teoria científica da organização não se baseia em sistemas cognitivos inerentes a qualquer tipo de organização existente, mas antes faz a avaliação das organizações em termos da compreensão da conduta geralmente adequada a seres humanos, levando em consideração tanto requisitos substantivos como funcionais. Segundo, propõe-se aqui uma distinção entre comportamento e ação, para esclarecer o reducionismo psicológico da atual teoria da organização. O comportamento é uma forma de conduta que se baseia na racionalidade funcional ou na estimativa utilitária das consequências [...]. Sua categoria mais importante é a conveniência. Em consequência, o comportamento é desprovido de conteúdo ético de validade geral [...]. Em contraposição, a ação é própria de um agente que delibera sobre coisas porque está consciente de suas finalidades intrínsecas. Pelo reconhecimento dessas finalidades, a ação constitui uma forma ética de conduta. A eficiência social e organizacional é uma dimensão incidental e não fundamental da ação humana. Os seres humanos são levados a agir, a tomar decisões e a fazer escolhas, porque causas finais – e não apenas causas eficientes – influem no mundo em geral. Assim, a ação baseia-se na estimativa utilitária apenas por acidente [Ramos, 1981:51].

Assim, fica evidente que, para Ramos (1981:52), a teoria organizacional predominante baseia-se "na noção comportamental do ser humano", a qual, por sua vez, está fundamentada na racionalidade instrumental ou no cálculo utilitário. Ela deixa de considerar, portanto, outro tipo de conduta que se baseia não na conveniência das ações, mas na finalidade última destas, ou seja, ações orientadas por valores éticos humanos.

Dessa forma, Ramos (1981:118) formula uma abordagem diferente para o estudo das organizações, mais ampla do que a predominante nos dias atuais e, sobretudo, que desenvolva tanto a "capacidade analítica necessária à crítica de seus alicerces teóricos" quanto suas próprias "bases epistemológicas", em vez de importá-las de outros contextos diferentes do brasileiro. Afirma Guerreiro Ramos (1981:140):

> O modelo de análise e planejamento de sistemas sociais que ora predomina nos campos da administração, da ciência política, da economia e da ciência social em geral é unidimensional porque reflete o moderno paradigma que, em grande parte, considera o mercado como a principal categoria para a ordenação dos negócios pessoais e sociais.

Já o novo modelo formulado pelo autor é assim explicado:

> O ponto central desse modelo multidimensional é a noção de delimitação organizacional, que envolve: a) uma visão da sociedade como sendo constituída de uma variedade de enclaves (dos quais o mercado é apenas um), onde o homem se empenha em tipos nitidamente diferentes, embora verdadeiramente integrativos, de atividades substantivas; b) um sistema de governo social capaz de formular e implementar as políticas e decisões distributivas requeridas para a promoção do tipo ótimo de transações entre tais enclaves sociais [Ramos, 1981:141].

Ramos (1981:142) afirma que, sob esse novo paradigma, que ele denomina *multidimensional*, os indivíduos podem se atualizar de forma livre e sem nenhum tipo de prescrição imposta. Diz ele:

[...] o padrão paraeconômico parte do pressuposto de que o mercado constitui um enclave dentro de uma realidade social multicêntrica, onde há descontinuidades de diversos tipos, múltiplos critérios substantivos de vida pessoal e uma variedade de padrões de relações interpessoais. Segundo, nesse espaço social, só incidentalmente o indivíduo é um maximizador da utilidade e seu esforço básico é no sentido da ordenação de sua existência de acordo com as próprias necessidades de atualização pessoal. Terceiro, nesse espaço social, o indivíduo não é forçado a conformar-se inteiramente ao sistema de valores de mercado. São-lhe dadas oportunidades de *ocupar-se*, ou mesmo de *levar a melhor* sobre o sistema de mercado, criando uma porção de ambientes sociais que diferem uns dos outros, em sua natureza, e deles participando. Em suma, o espaço retratado pelo padrão é um espaço em que o indivíduo pode ter ação adequada, em vez de comportar-se apenas de maneira que venha a corresponder às expectativas de uma realidade social dominada pelo mercado.

Pode-se afirmar então que a teoria da delimitação dos sistemas sociais, formulada por Guerreiro Ramos, representou um avanço significativo na área dos estudos organizacionais exatamente por considerar que o mercado não é a única categoria ou enclave presente na sociedade que influencia a conduta humana, havendo diversos outros enclaves orientados por lógicas distintas. Assim, enquanto no mercado o tipo de racionalidade que orienta as práticas dos indivíduos é a instrumental, pautada pelo cálculo, em outros enclaves a racionalidade que orienta tais práticas é a substantiva, relacionada a valores éticos, ou seja, cada um desses enclaves engloba um determinado conjunto de valores próprios. Como pessoas envolvidas na área da administração, é essencial que conheçamos as ideias de Guerreiro Ramos para que possamos, com base nelas, analisar as organizações com a devida profundidade que as teorias tradicionais não permitem. Assim, estaremos muito mais aptos a entender que organizações tão diversas como empresas privadas, ONGs, instituições de pesquisa e ensino, organizações envolvidas na área da saúde, organizações públicas, entre outras, são orientadas por lógicas muito distintas umas das outras e, portanto, requerem modelos de gestão também diferentes e apropriados a sua natureza específica.

A crítica à apropriação indevida das teorias estrangeiras e a redução sociológica

Já em sua obra *A redução sociológica*, lançada em 1958, Guerreiro Ramos diz ser necessário empreender uma análise de como são feitas a importação e a apropriação de teorias e conceitos estrangeiros levando-se em conta o tempo e a realidade diferentes em que foram originados. Busca, assim, na referida obra, um caminho para uma análise crítica das possibilidades de utilização de tais conceitos, tendo em vista os contextos histórico, econômico e social brasileiros.

Ramos (1996:113), ao argumentar sobre a redução sociológica, afirma em uma de suas leis que "à luz da redução sociológica, toda produção científica estrangeira é, em princípio, subsidiária". Para o autor, qualquer objeto, no domínio da sociologia, é entendido de diversas formas (noemas), de acordo com o referencial (noese) de cada sociólogo. As noemas, conforme explica Ramos, não são paradigmas universais, uma vez que estão diretamente ligadas ao referencial do sociólogo e, por essa razão, não podem ser transferidas da perspectiva noética em que surgem para uma outra. Isso ocorre porque, de acordo com ele, "um produto sociológico qualquer (sistema, teoria, conceito, técnica de pesquisa, método), a menos que seja fruto de uma atividade lúdica ou ociosa, é sempre elaborado para atender a uma imposição" (Ramos, 1996:13). Essa imposição, ou o "para que" da elaboração desse produto, é o que dá sentido a ele. Assim, a partir do momento em que passamos a utilizar um objeto ou produto sociológico de forma acrítica, somos envolvidos pela intencionalidade trazida por ele.

Ramos (1996:113) critica aquilo que considera ser uma "especulação sociológica dos países coloniais". Esse fenômeno, diferentemente daquele em que a própria sociedade coloca diante do sociólogo as tarefas que ele deve empreender, ocorre quando a elaboração teórica de um determinado contexto obedece apenas "às variações das correntes estrangeiras", sem que se atendam às exigências próprias do contexto em que surgiu. É o que Guerreiro Ramos chama de "domínio social da moda". O sociólogo, portanto, vira um mero colecionador de teorias estrangeiras, reproduzindo-as integralmente, sem refletir a respeito da intencionalidade própria de tais categorias. Afirma Ramos (1996:113):

> O sociólogo genuíno é, exatamente, aquele que, por profissão, é portador do máximo de consciência crítica diante dos fenômenos da convivência humana. Por conseguinte, em um país periférico, o avanço do trabalho sociológico não se deve avaliar pela sua produção de caráter reflexo, mas pela proporção em que se fundamenta na consciência dos fatores infraestruturais que o influenciam [...]. Nos países periféricos, a sociologia deixa de ser atrasada na medida em que se liberta do "efeito-de-prestígio" e se orienta no sentido de induzir as suas regras do contexto histórico-social em que se integra.

É importante ressaltar que Ramos, contudo, não descarta o uso que se pode fazer de produtos sociológicos provenientes de contextos estrangeiros, mas afirma que estes não devem servir como paradigmas ou modelos, mas apenas como subsídios para o sociólogo que fundamenta sua especulação na prática social. O processo pelo qual isso ocorre é a redução, ou seja, o momento em que o sociólogo reflete sobre um determinado produto cultural de forma crítica e o contextualiza para a realidade em que ele está inserido, o que permitirá que se faça um uso subsidiário desse produto.

Ramos considera que a redução sociológica consiste na eliminação de tudo aquilo que possua um caráter acessório e secundário e que dificulte a compreensão e a obtenção do que é essencial em um dado. Nesse sentido, a utilização de conceitos alheios ao contexto brasileiro consiste em servir-se de uma experiência estrangeira para atender às necessidades de compreensão da realidade social local.

A partir dessas ideias, percebe-se que a busca por um processo de redução sociológica é fundamental. Ramos estabelece que tal processo de redução consiste em: a) adotar uma atitude metódica no intuito de depurar os elementos que dificultam a percepção exaustiva e radical de seu significado, colocando-se o pesquisador entre parênteses nesse processo para tentar compreender o cerne dos fenômenos; b) admitir que a realidade social não é um conjunto desconexo de fatos, e sim sistemática, dotada de sentido, de pressupostos, pois esses fatos possuem conexões de sentido e vínculos de significação; c) postular a noção de mundo em que haja a reciprocidade de perspectivas e relacionamentos entre os objetos e uma infinita trama de referências em que os objetos e indivíduos se encontram; d) compreender que o sentido dos objetos jamais estão desligados de um contexto determinado e que, quando transferidos para outra perspectiva, deixam de ser exatamente o que eram; e) entender que os suportes desse processo são coletivos e não individuais; trata-se de um instrumento de um saber operativo surgido como um processo de autoconsciência da sociedade; f) admitir que a redução é um procedimento crítico-assimilativo da experiência estrangeira, sendo dirigido por uma aspiração ao universal, mediatizado pelo local, pelo regional ou pelo nacional; g) compreender que a redução é uma atitude altamente elaborada, sistemática e rigorosa, baseada em um esforço de reflexão para demonstrar de forma consciente as razões nas quais se fundamenta.

Como se pode perceber, o trabalho de Ramos (1996) foi bastante importante tanto no campo da sociologia quanto no da administração. Isso porque, em nosso campo do conhecimento, é bastante comum nos depararmos com pesquisas que, sendo aqui produzidas com o propósito de analisar algum fenômeno relativo à área da gestão em nossa sociedade, o fazem com base em teorias e conceitos desenvolvidos em outros países e que são totalmente descontextualizados de nossa realidade. Teorias sobre liderança e motivação, por exemplo, bastante utilizadas em nossa área para a análise de problemas relativos à interação dos indivíduos nas organizações, podem sem dúvida nos ajudar bastante. Entretanto, se não entendermos que, no Brasil, há outros tipos de líderes, que exercem sua liderança e que motivam seus liderados de forma distinta da que ocorre em outros países,[19] corremos o risco de interpretar o fenômeno que queremos entender de modo um tanto superficial e mesmo equivocado, o que pode causar prejuízos diversos não apenas para pesquisadores da área, mas também para gestores organizacionais. O processo de redução sociológica, nesse sentido, é fundamental para que possamos caminhar no sentido inverso.

---

[19] Sobre esse assunto, consultar Wood Jr. (1997).

Maurício Tragtenberg: administração, burocracia, poder e ideologia

Maurício Tragtenberg (1929-1998) nasceu no Rio Grande do Sul, numa comunidade de judeus ucranianos que imigraram para o Brasil fugindo dos *progroms* e se tornaram camponeses pequenos proprietários de culturas de subsistência. Autodidata, aprendeu espanhol, russo e esperanto. Estudou até a terceira série primária e só retomou os estudos formais quando ingressou na graduação da USP, após apresentar uma monografia à congregação da universidade. Tragtenberg graduou-se em história e, mais tarde, conquistou o título de doutor em ciências sociais (política).

Militante e intelectual, aos 16 anos Tragtenberg filiou-se ao PCB, de onde foi expulso posteriormente. Leu Lênin, Trotski, Bakunin, Kropotkin, Tolstói, Proudhon, entre outros autores anarcomarxistas que influenciaram fortemente o seu pensamento, expresso em sua vasta produção acadêmica e nos artigos que escrevia para a seção "Tendências e Debates" da *Folha de S.Paulo* e para a coluna sindical "No Batente" do jornal *Notícias Populares*, também de São Paulo. Trabalhou no Departamento de Águas de São Paulo, onde teve contato direto com a burocracia. Foi professor universitário da Unicamp, da USP, da PUC-SP e da Eaesp/FGV, um dos fundadores da revista *Educação & Sociedade*, além de ter contribuído significativamente para os estudos críticos no campo da administração.[20]

Tragtenberg escreveu cerca de uma dezena de livros, entre os quais *Burocracia e ideologia* (1974), *A delinquência acadêmica: o poder sem saber e o saber sem poder* (1979), *Administração, poder e ideologia* (1980). Para efeitos de análise de sua contribuição aos estudos críticos em administração, nos deteremos em dois deles: *Burocracia e ideologia* e *Administração, poder e ideologia*. Nessas duas obras, em síntese, Tragtenberg, por seus ideais libertários e em busca da emancipação humana, faz críticas à burocracia, às teorias de administração e ao sistema capitalista; relaciona

---

[20] Para mais detalhes, consultar Tragtenberg (1991).

burocracia, ideologia, teorias administrativas e poder; e vê na autogestão anárquica uma forma de organização social alternativa ("a saída").

Em *Burocracia e ideologia*, Maurício Tragtenberg rompe com o paradigma vigente nas áreas das ciências sociais ao conciliar, em um mesmo texto, os pensamentos de Marx e Weber para embasar sua construção teórico-crítica, complementada por outros teóricos anarquistas (Motta, 2001a). Tragtenberg lança mão da dialética e do materialismo histórico de Marx e da sociologia compreensiva de Weber para analisar criticamente a burocracia e as teorias da administração hegemônicas no campo, denunciando, neste último caso, seu caráter ideológico.

Paula (2008:50-51), partindo da produção intelectual de Tragtenberg, mapeou suas três principais contribuições ao campo de conhecimento da administração:

- a crítica da burocracia como fenômeno de dominação e da visão de Weber como seu ideólogo, esclarecendo que Weber é um dos maiores críticos da dominação burocrática;
- o estudo das teorias administrativas como produtos das formações socioeconômicas de um determinado contexto histórico que, ao manterem a divisão entre planejadores e executantes do trabalho, perpetuam a opressão do trabalhador e impedem sua autonomia;
- a crítica da ideologia participacionista presente nas experiências de cogestão e a defesa da autogestão como saída para a emancipação tanto dos trabalhadores quanto da sociedade civil.

Tragtenberg (1974) interpreta a burocracia como dominação, aparelho ideológico e fenômeno historicamente situado. A burocracia é analisada como uma estrutura de dominação perpassada por relações internas de *status* e de poder, enquanto nas teorias administrativas é estudada como estrutura meramente técnica e funcional que se amplia com o crescimento da organização. Vale lembrar que o próprio Weber dizia que a burocracia moderna não era apenas uma forma avançada de organização administrativa, mas também uma estrutura de dominação legitimada pelo caráter racional e legal de suas ações.

Partindo de uma leitura anarquista das obras de Weber, Tragtenberg entende a burocracia como produto e reflexo do contexto histórico e socioeconômico no qual está inserida, como algo que se adapta continuamente às transformações socioeconômicas para continuar representando os interesses de determinados setores da sociedade, e alerta para os riscos de deslocá-la como categoria histórica e confundi-la com o tipo ideal weberiano, o que dificultaria entendê-la como uma forma de poder. Ele remonta o contexto de produção intelectual de Weber e os motivos que o levaram a analisar a burocracia – a crise do liberalismo alemão de sua época, sua preocupação com a democracia e com a perda da liberdade humana nas sociedades ocidentais modernas. Segundo Tragtenberg (1974:16), a burocracia é inadequadamente abordada nas teorias da administração, pois "qualquer análise da teoria administrativa deve partir da burocracia enquanto poder, para atingir a burocracia na estrutura da empresa".

Analisar a burocracia a partir do tipo ideal, e não do seu cerne, ou seja, da relação associativa racional, calcada na ação social referente a fins (racionalidade instrumental) e num arcabouço legal (jurídico ou normativo), que são as bases da dominação burocrática, seria um erro que incorreria em outro, chamado de engodo da pós-burocracia, legitimando-a como estrutura de dominação e poder.

Maurício Tragtenberg (1974 e 1980), por seu veio anarcomarxista ou socialista libertário, como preferia ser reconhecido, via o Estado e as organizações (burocracias) como expressões de poder, formas de exercício de dominação. Rejeitando todas as formas de autoridade e crendo no caráter solidário e igualitário das relações sociais, defendia uma sociedade sem Estado. Sugeria a autogestão, por meio da associação, como modelo alternativo de organização produtiva capaz de promover a emancipação e a liberdade humana.

Tragtenberg demonstra a permanência do *ethos* burocrático e o caráter ideológico das teorias administrativas, que "nascem predestinadas a garantir a produtividade nas organizações, sofrendo, portanto, de uma inexorável vocação para harmonizar as relações entre capital e trabalho" (apud Paula,

2002:128). As teorias da administração operam como uma ideologia da harmonia administrativa, representando interesses de grupos sociais que detêm o poder econômico e político (Tragtenberg, 1974), que dissimula as tensões naturais existentes entre empregadores e trabalhadores, possibilita a manutenção das formas de exploração e dominação e reduz as possibilidades de emancipação humana nas organizações. Segundo Tragtenberg (1980:89):

> A teoria geral da administração é ideológica, na medida em que traz em si a ambiguidade básica do processo ideológico, que consiste no seguinte: vincula-se ela às determinações sociais reais, enquanto técnica (de trabalho, administrativa, comercial) por mediação do trabalho; e afasta-se dessas determinações sociais reais, compondo-se num universo sistemático organizado, refletindo deformadamente o real, enquanto ideologia.

Sendo assim, as teorias da administração se expressam tanto ideológica quanto operacionalmente.

Ideologicamente, manifestam-se como ideias eficientes e destituídas de historicidade que sintetizam os interesses de determinado grupo histórico-social e que dirigem as atividades – para regular as condutas e manter um estado de ordem desejado – visando atender a tais interesses. Opera, contudo, recorrendo a disfarces para escamotear os interesses subjacentes e a verdadeira natureza da situação, neutralizando tais ideias como representativas de interesses classistas, garantindo, dessa forma, que o monopólio do poder permaneça intocado e a reprodução das relações de dominação.

Operacionalmente, tais teorias manifestam-se como práticas, técnicas e intervenções consistentes com a ideologia que as subjaz (Paula, 2002). Sendo assim, para Tragtenberg (1980:28), a administração é, simultaneamente, "uma teoria, uma prática e uma ideologia".

Tragtenberg (1974 e 1980) identifica as teorias administrativas como produtos das formações socioeconômicas de determinado contexto histórico, dizendo que representam os interesses de determinados setores da sociedade em um dado período histórico, que se adaptam continuamente às transformações socioeconômicas para continuar representando os interesses desses setores sociais, mas que, apesar de seu caráter dinâmico, preservam certas características das teorias que as antecederam, sempre permeadas pela ideologia da harmonia administrativa. Identifica o início da ideologia das harmonias em Saint-Simon, à época da segunda Revolução Industrial, afirmando que teve continuidade na práxis administrativa com Taylor, Fayol, Ford e Mayo. Isto porque, para o autor, da abordagem clássica à escola das relações humanas, a moldura teórica que prevaleceu foi o positivismo, cujo viés funcionalista presente na biologia e na sociologia de Durkheim tende a encarar os conflitos de interesses e a desordem como doenças sociais. "A ideologia da harmonia administrativa iniciada por Taylor, reafirmada por Fayol, é continuada por Mayo, na sua preocupação em evitar os conflitos e promover o equilíbrio ou um estado de colaboração definido como saúde social" (Tragtenberg, 1980:83).

Para associar as teorias administrativas como produtos das formações socioeconômicas de determinado contexto histórico, sempre representando interesses da classe capitalista, Tragtenberg (1974 e 1980) demonstra que as teorias atinentes à abordagem clássica da administração surgiram como respostas às necessidades de redução de desperdícios e de aumento da produtividade da segunda Revolução Industrial e que a escola de relações humanas nasceu como uma resposta patronal às pressões sindicais (crítica social ao taylorismo), em um contexto de fortalecimento dos sindicatos dos trabalhadores, altos índices de absenteísmo e *turnover*, greves trabalhistas que paralisavam a produção das fábricas e afetavam os lucros das empresas, da emergência da psicologia e da psicologia industrial, bem como de desenvolvimento da sociologia moderna, especialmente a de Émile Durkheim e Vilfredo Pareto.

Apesar de considerar os métodos tayloristas-fayolistas-fordistas opressores, Tragtenberg (1980) os considerava menos desrespeitosos ao trabalhador do que os métodos empregados pelos psicólogos industriais da escola de relações humanas, pois, no primeiro caso, a opressão era menos escamoteada ou dissimulada que no segundo.

Fayol e toda a abordagem dita "humanística" da administração foram alvos de críticas de Tragtenberg. Sob a retórica da humanização no trabalho, tais teorias seriam utilizadas para manipular indivíduos e grupos nas organizações de forma a torná-los, simultaneamente, "úteis e dóceis", a fim de que o exercício do poder fosse o menos custoso possível – econômica e politicamente (Foucault, 1977). Por meio de treinamentos e diversas técnicas oriundas da psicologia, a administração das organizações, na escola de relações humanas, exerce poder sobre os trabalhadores. Uma espécie de poder que gera saber: "saber fazer" e "saber ser"; saber que mantém o poder intocado.

Segundo Tragtenberg (1980), o que a escola de relações humanas fez, por meio da psicossociologia, foi "psicologizar" os problemas, ocultando os conflitos de nível político inerentes à relação capital-trabalho para evitar a partilha do poder. "O que o poder pede à psicossociologia é ocultar os conflitos do nível político, pois o conflito no nível político pressupõe a divisão do poder" (Tragtenberg, 1980:40). A escola de relações humanas tratou, portanto, de neutralizar o ser político do trabalhador, reduzindo-o ao psicológico, por meio da "psicomanipulação" exercida por uma psicologia condimentada a gosto do capital.

Outra crítica de Tragtenberg à escola de relações humanas diz respeito à pseudovalorização dos grupos informais. Segundo o autor, o real e principal objetivo da administração é evitar que estes ganhem força dentro da organização e se rebelem contra a empresa e os interesses do capital. "Como o informal tem um peso muito grande, e pode ser oposto ao 'formal', Mayo tratou de 'domesticá-lo'" (Tragtenberg, 1980:30). Tragtenberg (1980) desvenda a existência de uma "ideologia participacionista" presente na escola de relações humanas e critica-a, já que, para ele, ceder um pouco de poder ao trabalhador pode ser uma das formas mais eficazes de sujeitá-lo, caso isso lhe dê a impressão de influir sobre as coisas.

> Na visão de Tragtenberg, ao utilizar técnicas participativas, a escola das relações humanas estimula nos funcionários uma "falsa consciência" de que são importantes no processo decisório, quando na verdade apenas endossam decisões que já foram tomadas [Paula, 2002:132].

Tragtenberg (1974) afirma ainda haver certa continuidade entre a abordagem clássica e a escola de relações humanas, pois, nesta última, o homem continua sendo tratado como um ser previsível; permanece a separação entre direção e execução, trabalho intelectual e trabalho manual; e a busca pela harmonia administrativa, iniciada por Taylor e Fayol, com base no autoritarismo, e continuada com Mayo, é agora reforçada pelo uso da psicologia.

Tragtenberg (1980) afirma que as teorias administrativas hegemônicas no campo desempenham o papel de justificar, legitimar e aprimorar o sistema capitalista, ocultando a dominação de classe e, assim, garantindo sua perpetuação. Tais teorias são elaboradas e disseminadas por seus ideólogos, sujeitos sociais que agem movidos por interesses, valores, crenças, objetivos, necessidades e desejos. Dessa forma, ao longo de sua trajetória histórica, tais teorias têm se apresentado como instrumentos de poder do capital, ao mesmo tempo obtendo legitimidade social por seu caráter "científico" e tornando-se uma das bases de legitimação do capitalismo. Tragtenberg (1979) critica não só os ideólogos do capital, como também as escolas de administração, que apresentam as teorias administrativas de forma descontextualizada e como se fossem técnicas neutras e apolíticas – uma "delinquência acadêmica".

Maurício Tragtenberg, por toda a sua intelectualidade, pela crítica apurada visível em sua vasta obra e pela posição marcante assumida em seus trabalhos, é chamado por seus pares de "marxista anarquizante" (Paula, 2008) e intelectual que "desvenda as ideologias" (Motta, 2001a).

Fernando Cláudio Prestes Motta: organizações e poder

Fernando Cláudio Prestes Motta nasceu em São Paulo em 16 de março de 1945, graduou-se (1967) e obteve os títulos de mestre (1969) e doutor (1980) em administração de empresas pela Escola de Administração de Empresas de São Paulo, da Fundação Getulio Vargas (Eaesp/FGV), e o título de livre-docência (1985) pela Universidade de São Paulo (USP). Sua produção bibliográfica é extensa, incluindo 36 artigos, oito capítulos e 13 livros, entre os quais se destacam: *Teoria geral da administração: uma introdução*, de 1974, que teve sua primeira alteração na 23ª edição, lançada em 2002 com a colaboração de outros autores (Catani, Silva e Bruno, 2003), e *Organização e poder*, sua tese de livre-docência na USP, na qual amplia sua crítica à burocracia enquanto forma despótica de dominação política, no plano do Estado, bem como no nível da sociedade e das organizações burocráticas – da grande empresa e da escola (Bresser-Pereira, 2003).

Motta concentrou sua atuação nos estudos sobre cultura e poder nas organizações. Para tanto, precisou entender as questões sociais brasileiras, o que o tornou conhecido como o sociólogo das organizações. Demonstrava um relativo desinteresse pela instrumentalização e pelas diversas áreas funcionais que constituem a administração, razão pela qual "não causa estranheza o fato de Fernando nunca ter demonstrado interesse pela administração enquanto gestão: para ele, a administração, como quaisquer outras áreas, deveria ser sempre algo que propusesse suscitar a reflexão" (Bertero, 2003:149). Assim, em vez de focalizar seus estudos da teoria geral da administração pela perspectiva do exercício das funções do administrador, procurou entender as organizações com uma visão reflexiva, na qual as teorias administrativas eram mapeadas, expostas e criticadas para servir à mudança e à reversão do estabelecido e para recusar falsas automatizações de campo. "A análise dos seus livros e artigos nos permite acompanhar a evolução do seu pensamento, que caminha do marxismo para a psicanálise e da crítica da racionalização burocrática para a centralidade da psique humana no estudo dos fenômenos organizacionais" (Paula, 2005:13). Além dos estudos organizacionais, pode-se identificar outras duas áreas para as quais Motta muito contribuiu no campo de conhecimento da administração: a análise crítica da burocracia pelo poder e o entendimento da cultura organizacional e suas relações com a antropologia e a psicanálise.

O poder e as organizações burocráticas

Para analisar as organizações pelo poder, Motta (1981 e 1986) parte dos conceitos anárquicos de Proudhon e aprofunda suas análises recorrendo a uma visão fundamentalmente marxista, que entende a organização como um produto de determinações históricas que refletem a evolução dos sistemas econômicos e técnicos.

Segundo Motta (1981), para Proudhon, a vida social não é impositiva; ao contrário, caracteriza-se pela pluralidade e por um número indefinido de grupos de relacionamentos múltiplos, que redundam na igualdade de seus componentes e na realização espontânea de contratos sociais. Em contrapartida, o poder do Estado estaria baseado na força coletiva da sociedade, mas, como não tem identidade, para se manter precisa sempre apropriar-se e alienar sua força social. Dessa maneira, cada expressão de liberdade e de iniciativa social pode significar uma ameaça ao poder do Estado. Ameaçado, o Estado passa a aumentar os mecanismos de controle e a centralizar os processos sociais. Assim, o Estado é a personificação da autoridade e tem como característica a tendência de reprimir toda manifestação que o conteste.

Motta entende que o Estado fixa um governo que, ao utilizar a burocracia, tende a assumir e a conservar o monopólio dos processos sociais essenciais, negando a personalidade autônoma dos grupos sociais e a capacidade de autogestão da sociedade, pois propicia a heterogestão quando separa o que gere do que é gerido; o que planeja, organiza, comanda e controla do que é controlado. Para Motta (1981:23):

> A heterogestão responde, assim, ao traço fundamental da burocracia, que é a usurpação do poder da coletividade da qual saiu. O sigilo burocrático convertido em função especializada garante a "legitimidade" da burocracia pelo saber, entendido como competência especializada, necessária ao bom funcionamento da própria coletividade. É o poder que se baseia em uma desapropriação. Esse poder, porém, não se concentra em uma força social autônoma. A burocracia enquanto estamento ou camada social relaciona-se não apenas com a divisão técnica do trabalho, mas com sua divisão social. São classes esclarecidas dotadas de capital cultural de fins do século passado, que se transformam em classes dirigentes do mundo contemporâneo. A burocracia tende a representar frações da classe dominante, que através do trabalho administrativo respondem pela manutenção das classes sociais proprietária e não proprietária. A heterogestão é um aspecto da heteronomia capital-trabalho, da mesma forma que a própria organização burocrática, enquanto estrutura de poder, é um aspecto de todo um ordenamento social mais amplo, igualmente hierárquico.

Assim, para Motta (1981), Proudhon busca a emancipação humana pela autogestão, ou seja, um sistema pelo qual a coletividade se autoadministra, não assumindo um poder, mas sim participando deste. Segundo o autor, a operacionalização da autogestão é difícil porque ela representa a negação da burocracia, da heterogestão e da razão do poder que está por trás. Todavia, "a criação de uma sociedade autogestionária não é uma utopia já que não se trata de uma impossibilidade. Trata-se, isto sim, de algo que incomoda profundamente os detentores de poder. [...] A proposta autogestionária traz a incerteza para um mundo onde quase todos buscam a certeza" (Motta, 1981:167).

Motta amplia sua análise do poder nas organizações desenvolvendo a "crítica do capitalismo tecnoburocrático até hoje dominante, no qual a tecnoburocracia divide o poder com a classe capitalista. [...] E a crítica da própria teoria das organizações, que, se por um lado é uma poderosa contribuição da sociologia à compreensão do mundo moderno, é também carregada de ideologia" (Bresser-Pereira, 2003:117).

Para Motta (1979 e 1986), a acumulação de capital do período manufatureiro acelerou o desenvolvimento tecnológico, que resultou na substituição da manufatura pela industrialização e tornou a subordinação do trabalho ao capital mais sutil e complexa. A divisão do trabalho separou o trabalho intelectual do manual e simplificou a tarefa dos empregados, transferindo seu trabalho para as máquinas. À medida que se simplificou a tarefa, maior foi a alienação do empregado e sua subordinação à autoridade da fábrica. Privado de seu saber-fazer o trabalhador ficou submetido à regulamentação social da máquina, imposta pelo modelo burocrático, que, em busca da previsibilidade e de maior controle, fez de seu formalismo um instrumento de legitimidade e repressão. Motta (1986:95) destaca:

> A expansão das empresas cria direta e indiretamente uma multiplicidade muito grande de cargos e funções burocráticas, seja nos aparelhos econômicos, seja nos aparelhos ideológicos e repressivos do Estado. Ela dá também à elite burocrática um papel central na sociedade, que se refere ao planejamento, organização, coordenação, realização e controle dos investimentos. Ela engendra um novo tipo de saber, o saber organizacional, que agora implica até mesmo

relações internacionais. Finalmente, cria um tipo "desterritorializado", cuja lealdade fundamental é à organização. Entretanto, os gigantes multinacionais e seus "heróis", os tecnoburocratas poderosos, devem esse imenso aumento de poder fundamentalmente ao desenvolvimento tecnológico surpreendente que teve lugar durante e após a Segunda Guerra Mundial, desenvolvimento que encurtou, facilitou e concentrou a informação, possibilitando um controle que dificilmente se poderia prever.

"A burocratização das empresas leva[ou] a uma intensificação da burocratização dos aparelhos de Estado. Amplia[ra]m-se e racionaliza[ra]m-se os aparelhos econômicos, repressivos e ideológicos dos Estados" (Motta, 1986:67). Dentro dessa lógica, para manter os valores burocrático-capitalistas, a escola tem "um papel habilitador, na medida em que transmite os saberes técnicos de acordo com as necessidades do sistema produtivo, e um papel moralizador, na medida em que reproduz a submissão e cria um *habitus* através da inculcação de uma disciplina" (Bourdieu e Passeron, 1975, apud Motta, 1986:79). Dessa maneira, a análise social não pode desvincular a empresa do Estado e da escola, pois estes estão diretamente relacionados ao desenvolvimento das forças produtivas e caracterizam as relações de produção e dominação tecnoburocrata existentes na sociedade.

Percebe-se que Motta efetua sua crítica ao capitalismo tecnoburocrático por meio de uma leitura marxista e weberiana. Todavia, não se restringe a uma visão econômica do fenômeno, pois inclui questões intelectuais, morais e culturais na análise (Paula, 2005). Sua análise marxista possibilita uma verificação histórica que explica a formação da tecnoburocracia como uma classe constitutiva do capitalismo, e as características organizacionais como condicionadas por situações socioeconômicas. Já a perspectiva weberiana possibilita o entendimento de como as características do modelo burocrático para condicionar indivíduos e grupos criaram uma atividade social e uma função econômica próprias (Motta, 1979 e 1986). Sua análise organizacional considera o aspecto social e incorpora o Estado e a escola (Motta, 1986). Por fim, ressalta a necessidade de que a escola não seja um mero reprodutor das classes dominantes, mas um espaço voltado para os ideais de mudança social, com o objetivo de delinear formatos organizacionais que, adequados a contextos específicos, assegurem a educação participativa identificada com a construção de uma sociedade verdadeiramente igualitária, em termos não apenas econômicos, mas também de distribuição de poder (Motta, 2003a).

Nos anos 1980, Motta passou a direcionar seus estudos para a análise das organizações, pelo prisma da cultura brasileira. À época, muitas pesquisas e práticas administrativas eram consideradas universalmente aplicáveis e "transponíveis para outros contextos culturais com, no máximo, alguma adaptação superficial" (Calás e Arias, 1997:316). Mas Motta (1997:25) entendeu que a grande questão para estudo era como o comportamento das organizações variava culturalmente.

As organizações e a cultura brasileira

De acordo com Motta (1997:27), "cultura é linguagem, é código. Ela fornece um referencial que permite aos atores dar um sentido ao mundo em que vivem e a suas próprias ações. [...] Longe de fixar para cada um papéis dos quais não se pode escapar, a cultura influencia [...] os jogos estratégicos por meio dos quais cada indivíduo defende seus interesses e suas convicções". Motta inicialmente pensou a cultura brasileira na gestão empresarial a partir de uma perspectiva antropológica, procurando delinear traços da cultura que poderiam ser encontrados na maioria das organizações. São diversas suas contribuições nesse campo: como o fato de a distância de poder entre grupos sociais ser tão grande quanto a distribuição de renda e ter relação direta com o passado escravocrata; a lógica das economias de extração, herança do período colonial, que faz com que os recursos humanos, o meio ambiente e o consumidor sejam explorados ao máximo tanto nas organizações quanto em suas relações com a sociedade (Motta, 2003a); e a influência da estrutura do engenho de açúcar (base da economia colonial), afirmando que a proximidade física do senhor de engenho, sua família e seus escravos impunha uma ambiguidade nas relações sociais, que são transpostas para a atualidade por meio da substituição da classe dominante da oligarquia agrária pela burguesa e tecnocrata, que importou traços de comportamento cosmopolitas, sem deixar de manter certos comportamentos e valores dos senhores de engenho.

Por fim, Motta busca na psicanálise, mais precisamente nas obras sociológicas de Freud, o entendimento das organizações e, de forma mais abrangente, da sociedade em que vivemos (Bresser-Pereira, 2003). Ele entendia que "os laços que unem os indivíduos às organizações não podem ser vistos apenas como materiais ou morais, ideológicos ou socioeconômicos, mas, sobretudo, como de natureza psicológica" (Motta, 1991:5). A análise social deveria romper com a visão totalizante dos grupos e indivíduos e da abordagem psicanalítica, e considerar "o comportamento dos sujeitos no grupo, o grau de consciência individual em relação aos problemas, a percepção de cada indivíduo da realidade na qual se encontra e os conflitos e consensos partilhados" (Paula, 2005:14).

Para Paula (2005), os últimos pensamentos de Fernando Cláudio Prestes Motta defendiam a necessidade de desenvolver e adaptar ferramentas psicanalíticas para analisar a essência de cada indivíduo na organização, seu comportamento nos grupos e o comportamento dos grupos na organização.

Motta pautou sua carreira acadêmica por uma visão crítica e reflexiva da organização. E ampliou seu escopo de análise para a sociedade. Foi um intelectual que visava a melhora da condição humana e a construção de uma sociedade justa e igualitária.

Referências

ABREU, Alzira Alves de et al. (Coords.). *Dicionário histórico-biográfico brasileiro pós 1930*. 2. ed. rev. atual. Rio de Janeiro: FGV, 2001.

ADORNO, T.; HORKHEIMER, M. A indústria cultural: o iluminismo como mistificação das massas. In: LIMA, L. C. *Teoria da cultura de massa*. Rio de Janeiro: Paz e Terra, 2000.

ALDRICH, Howard E. Technology and organizational structure: a reexamination of the findings of the Aston Group. *Administrative Science Quarterly*, v. 17, n. 1, p. 26-43, Mar. 1972.

_____. *Organizations and environments*. Englewood Cliffs, NJ: Prentice Hall, 1979.

_____; PFEFFER, Jeffrey. Environments of organizations. *Anual Review of Sociology*, 2, p. 79-105, 1976a.

_____. *Organizations and environments*. Ithaca: New York State School of Industrial and Labor Relations, Cornell University, 1976b.

ARON, Raymond. *As etapas do pensamento sociológico*. 3 ed. São Paulo: Martins Fontes, 1990.

BALESTRIN, Alsones; ARBAGE, Alessandro Porporatti. A perspectiva dos custos de transação na formação de redes de cooperação. *RAE Eletrônica*, v. 6, n. 1, art. 7, jan./jun. 2007 (Fórum – Sociologia Econômica). Disponível em: <www.rae.com.br/eletronica/index.cfm?FuseAction= Artigo&ID=3995&Secao=FÓRUM&Volume=6&numero=1&Ano=2007>. Acesso em: 3 ago. 2009.

BAUM, Joel. Ecologia organizacional. In: CLEGG, Stewart; HARDY, Cynthia; NORD, Walter. *Handbook de estudos organizacionais*. v. 1. São Paulo: Atlas, 1998.

BECKERT, Jens. Agency, entrepreneurs, and institutional change: the role of strategic choice and institutionalized practices in organizations. *Organization studies*, v. 20, n. 5, p. 777-801, 1999.

BENNIS, Warren G. A new role for the behavioral sciences: effecting organizational change. *Administrative Science Quarterly*, n. 8, p. 125-165, 1963.

BENTHAM, Jeremy. *Uma introdução aos princípios da moral e da legislação*. São Paulo: Abril, 1974.

BERGER, Peter; LUCKMANN, Thomas. *The social construction of reality*: a treatise in the sociology of knowledge. London: A. Lane The Penguin Press, 1967 (reimp. 1969).

_____. *A construção social da realidade*. 12. ed. Petrópolis: Vozes, 1995.

BERTALANFFY, Ludwig von. *Teoria geral dos sistemas*. Petrópolis: Vozes, 1973.

BERTERO, Carlos O. A trajetória de um intelectual. *EccoS – Revista Científica*, São Paulo, Centro Universitário Nove de Julho, v. 5, n. 1, p. 149-152, jun. 2003.

BLAU, Peter. *The dynamics of bureaucracy*. Chicago: University of Chicago Press, 1955.

_____; SCOTT, W. Richard. *Formal organizations*: a comparative approach. San Francisco: Chandler, 1962.

BOULDING, Kenneth E. General systems theory: the skeleton of science. *Management Science*, v. 2, n. 3, p. 197-208, Apr. 1956. (Reprinted in: *General systems*, Yearbook of the Society for General Systems Research, 1956. v. 1.)

BOURDIEU, Pierre; CHAMBOREDON, Jean Claude; PASSERON, Jean Claude. *A profissão de sociólogo*: preliminares epistemológicas. 3. ed. Petrópolis: Vozes, 1999.

BOWDITCH, James L.; BUONO, Anthony F. *Elementos de comportamento organizacional*. Tradução de José Henrique Lamendorf. São Paulo: Pioneira, 1992.

BRESSER-PEREIRA, Luiz Carlos. *Desenvolvimento e crise no Brasil*. Rio de Janeiro: Zahar, 1968.

_____. O sociólogo das organizações: Fernando C. Prestes Motta. *Revista de Administração de Empresas – RAE*, v. 43, n. 2, p. 116-118, abr./jun. 2003.

BURNS, Tom; STALKER G. M. *The management of innovation*. London: Tavistock, 1961.

BURRELL, Gibson; MORGAN, Gareth. *Sociological paradigms and organizational analysis*. London: Heinemann, 1979.

CALÁS, Marta B.; ARIAS, Maria E. Compreendendo as organizações latino-americanas. In: MOTTA, Fernando C. Prestes; CALDAS, Miguel P. (Orgs.). *Cultura organizacional e cultura brasileira*. São Paulo: Atlas, 1997. p. 316-325.

CALDAS, Miguel; FACHIN, Roberto; FISHER, Tânia (Orgs.). *Handbook de estudos organizacionais*. – v. 1: Modelos de análise e novas questões em estudos organizacionais. São Paulo: Atlas, 1999.

CÁRDENAS, Leonardo Q.; LOPES, Fernando Dias. A formação de alianças estratégicas: uma análise teórica a partir da teoria da dependência de recursos e da teoria dos custos de transação. *Cadernos Ebape.br*, v. 4, n. 2, jun. 2006.

CARROLL, Glenn; HANNAN, Michael. T. *The demography of corporations and industries*. Princeton, NJ: Princeton University Press, 2000.

CARVALHO, Cristina Amélia; VIEIRA, Marcelo Milano Falcão. Contribuições da perspectiva institucional para a análise das organizações: possibilidades teóricas, empíricas e de aplicação. In: CARVALHO, C. A.; VIEIRA, M. M. F. *Organizações, cultura e desenvolvimento local*: a agenda de pesquisa do observatório da realidade organizacional. Recife: UFPE, 2003.

_____; GOULART, Sueli; VIEIRA, Marcelo Milano Falcão. A inflexão conservadora na trajetória histórica da teoria institucional. In: ENANPAD, 28., Curitiba, 2004. *Anais...* Curitiba: Anpad, 2004.

CATANI, Afrânio M.; SILVA, Doris A.; BRUNO, Lúcia E. N. B. A atualidade da obra de Fernando C. Prestes Motta. *Educação e Pesquisa*, São Paulo, v. 29, n. 2, p. 367-368, jul./dez. 2003.

CAVALCANTI, Vera Lucia et al. *Liderança e motivação*. Rio de Janeiro: FGV, 2005. (Publicações FGV Management, Série Gestão de Pessoas).

CHIAVENATO, Idalberto. *Introdução à teoria geral da administração*: uma visão abrangente da moderna administração das organizações. 7. ed. Rio de Janeiro: Elsevier, 2003.

CLEGG, Stewart R.; HARDY, Cynthia; NORD, Walter R. (Eds.). *Handbook of organization studies*. Thousand Oaks: Sage, 1996.

CPDOC (Centro de Pesquisa e Documentação de História Contemporânea do Brasil). *Biografias – Roberto Simonsen*. Rio de Janeiro: CPDOC/FGV, 2008.

Disponível em <www.cpdoc.fgv.br/nav_historia/htm/biografias/ev_bio_robertosimonsen.htm>. Acesso em: 11 jun. 2008.

_____. *A Era Vargas I*: Biografias – Lindolfo Collor. Disponível em: <www.cpdoc.fgv.br/ nav_historia/htm/biografias/ev_bio_lindolfocollor.htm>. Acesso em: 19 jun. 2010.

CROZIER, Michel. *The bureaucratic phenomenon*. Chicago: University of Chicago Press, 1964.

DEMING, William E. *Qualidade*: a revolução da administração. Rio de Janeiro: Marques Saraiva, 1990.

DENZIN, Norman K.; LINCOLN, Yvonna S. Paradigmas e perspectivas em transição. In: DENZIN, N. K.; LINCOLN, Y. S. (Orgs.). *O planejamento da pesquisa qualitativa*: teorias e abordagens. 2. ed. Porto Alegre: Artmed, Bookman, 2007.

DIMAGGIO, Paul J. Constructing an organizational field as a professional project: U.S. art museums, 1920-1940. In: POWELL, Walter W.; DIMAGGIO, P. J. *The new institutionalism in organizational analysis*. London: University of Chicago Press, 1991.

_____; POWELL, Walter W. The iron cage revisited: institutional isomorphism and collective rationality in organizational fields. In: POWELL, W. W.; DIMAGGIO, P. J. *The new institutionalism in organizational analysis*. London: University of Chicago Press, 1991.

DONALDSON, Lex. Teoria da contingência estrutural. In: CLEGG, Stewart; HARDY, Cynthia; NORD, Walter. *Handbook de estudos organizacionais*. v. 1. São Paulo: Atlas, 1998.

FACHIN, Roberto C.; MENDONÇA, Ricardo C de. Selznick: uma visão de vida e da obra do precursor da perspectiva institucional na teoria organizacional. In: VIEIRA, M. M. F.; CARVALHO, C. A. *Organizações, instituições e poder no Brasil*. Rio de Janeiro: FGV, 2003.

FARIA, José Henrique de. *O autoritarismo nas organizações*. Curitiba: Criar, 1985.

FAURI, Francesca. The role of Fiat in the development of the Italian car industry in the 1950's. *The Business History Review*, v. 70, n. 2, p. 167-206, 1996.

FAYOL, Henri. *Administração industrial e geral*. 6. ed. São Paulo: Atlas, 1965.

FEIGENBAUM, Armand. *Total quality control*. New York: McGraw-Hill, 1983.

FERNANDES, V. A racionalização da vida como processo histórico: crítica à racionalidade econômica e ao industrialismo. *Cadernos Ebape.br*, v. 6, n. 3, set. 2008.

FLEURY, Maria T. L.; FISCHER, Rosa M. Relações de trabalho e políticas de gestão: uma história das questões atuais. *Revista de Administração*, São Paulo, USP, v. 27, n. 4, p. 5-15, out./dez. 1992.

FORD, Henry. *Minha vida e minha obra*. São Paulo: Monteiro Lobato, 1925.

FOUCAULT, Michel. *Vigiar e punir*: nascimento da prisão. Petrópolis: Vozes, 1977.

GIÓIA, D; PITRE, E. Multiparadigms perspectives on theory building. *Academy of Management Review*, v. 15, n. 4, p. 603-625, 1990.

GOULART, Sueli; CARVALHO, Cristina Amélia. O pesquisador e o design da pesquisa em administração. In: VIEIRA, Marcelo Milano Falcão; ZOUAIN, Deborah Moraes. *Pesquisa qualitativa em administração*: teoria e prática. Rio de Janeiro: FGV, 2005.

GOULDNER, Alvin. Metaphysical Pathos and the Theory of Bureaucracy. *American Political Science Review*, p. 496-507, June 1955.

_____. Organizational analysis. In: MERTON, Robert K. et al. (Org.). *Sociology today*. New York: Basic Books, 1959. p. 400-428.

GULICK, Luther. Notes on the theory of organization. In: ___; URWICK, Lyndall (Orgs.). *Papers on the science of administration*. New York: Institute of Public Administration, 1936. p. 3-35.

HABERMAS, Jürgen. *Teoria de la acción comunicativa*: crítica de la razón funcionalista. Madrid: Cátedra, 1994.

HALL, Richard H. O conceito de burocracia: uma contribuição empírica. In: CAMPOS, Edmundo (Org.). *Sociologia da burocracia*. 4. ed. Rio de Janeiro: Zahar, 1978.

_____. *Organizações*: estrutura e processos. 3. ed. Rio de Janeiro: Prentice Hall do Brasil, 1984.

_____. Desarrollos recientes en teoria organizacional: una revisión. *Ciencia y Sociedad*, v. 15, n. 4, oct./dic. 1990.

_____. *Organizações*: estruturas, processos e resultados. São Paulo: Prentice Hall, 2004.

HANNAN, Michael. T.; FREEMAN, John. Structural inertia and organizational change. *American Sociological Review*, n. 49, p. 149-164, 1984.

_____. Ecologia populacional das organizações. *Revista de Administração de Empresas*. São Paulo: FGV, v. 45, n. 3, p. 70-91, [1977] 2005.

HATCH, Mary Jo. *Organization theory*: modern symbolic and postmodern perspectives. New York: Oxford University Press, 1997.

HOLANDA, Luciana Araújo de. *Formação e institucionalização do campo organizacional do turismo no Recife – PE*. 2003. 162p. Dissertação (Mestrado) – Universidade Federal de Pernambuco, Recife, 2003.

IGLÉSIAS, Francisco. *Trajetória política do Brasil:* 1500-1964. São Paulo: Companhia das Letras, 1993.

ISHIKAWA, Kaoru. *Controle de qualidade total*: à maneira japonesa. 6. ed. Rio de Janeiro: Campus, 1998.

JURAN, Joseph M. *Juran na liderança pela qualidade*. São Paulo: Pioneira, 1990.

KARNØE, Peter. Institutional interpretations and explanations of differences in American and Danish approaches to innovation. In: SCOTT, Richard; CHRISTENSEN, Søren. *The institutional construction of organizations*. London: Sage, 1995.

KATZ, Daniel; KAHN, Robert L. *The social psychology of organizations*. New York: Wiley, 1966.

_____. *Psicologia das organizações*. Tradução de Auriphebo Simões. 3 ed. São Paulo: Atlas, 1987.

KNIGHTS, David; ROBERTS, John. The power of organization or the organization of power? *Organizations Studies*, v. 3, n. 1, p. 47-63, 1982.

KUHN, Thomas. S. *A estrutura das revoluções científicas*. 3. ed. São Paulo: Perspectiva, 2000.

LAWRENCE, Paul R.; LORSCH, Jay W. *Organization and environment*: managing differentiation and integration. Cambridge. Harvard University Press, 1967.

LEÃO JÚNIOR, Fernando Pontual de Souza. *Formação e estruturação do campo organizacional dos museus da Região Metropolitana do Recife*. 2002. 109p. Dissertação (Mestrado) – Universidade Federal de Pernambuco, Recife, 2002.

LECA, Bernard; DEMIL, Benoît. Shaping an organizational field: institutional entrepreneurships and institutional strategies in the PC industry. In: EGOS COLLOQUIUM, 17., 2001, Lyon. *Proceedings...* Lyon, 2001.

LINCOLN, Yvonna S.; GUBA, Egon G. Controvérsias paradigmáticas, contradições e confluências emergentes. In: DENZIN, Norman K.; LINCOLN, Y. S. (Orgs.). *O planejamento da pesquisa qualitativa*: teorias e abordagens. 2. ed. Porto Alegre: Artmed, Bookman, 2007.

LODI, João Bosco. *História da administração*. São Paulo: Pioneira, 1971.

MACHADO-DA-SILVA, Clóvis L.; FONSECA, Valéria Silva da. Homogeneização e diversidade organizacional: uma visão integrativa. In: ENENPAD, 17., 1993, Salvador. *Anais...* Salvador, 1993. v. 8, p. 147-159.

MACHLINE, Claude et al. *Manual de administração da produção*. Rio de Janeiro: FGV, 1972.

MADEIRO, Gustavo; CARVALHO, Cristina Amélia. Da origem pagã às micaretas: a mercantilização do Carnaval. In: CARVALHO, C. A.; VIEIRA, M. M. F. *Organizações, cultura e desenvolvimento local*: a agenda de pesquisa do Observatório da Realidade Organizacional. Recife: UFPE, 2003.

MARX, Karl; ENGELS, Friedrich. *Manifesto do Partido Comunista*. [1848]. São Paulo: Martin Claret, 2000.

MAXIMIANO, Antonio César Amaru. *Teoria geral da administração*. São Paulo: Atlas, 1997.

_____. *Introdução à administração*. 5 ed. São. Paulo: Atlas, 2000.

_____. *Da revolução urbana à revolução digital*. São Paulo: Atlas, 2005.

MAYO, George E. *Democracy and freedom*: an essay in social logic. Melbourne: MacMillan, 1919.

_____. *The human problems of an industrial civilization*. New York: MacMillan, 1933.

MERTON, Robert K. Bureaucratic structure and personality. In: ___. *Social theory and social structure*. 3. ed. New York: Free Press, 1958. p. 249-260.

MEYER, John; ROWAN, Brian. Institutionalized organizations: formal structure as myth and ceremony. *American Journal of Sociology*, n. 83, p. 341-363, 1977.

MICHELS, Robert. *Sociologia dos partidos políticos*. Brasília: UnB, 1982.

MINTZBERG, Henry. *The structuring of organizations*. Englewood Cliffs, NJ: Prentice Hall, 1979.

_____. *Criando organizações eficazes*: estruturas em cinco configurações. São Paulo: Atlas, 1995.

_____. *Criando organizações eficazes*. 3. ed. São Paulo: Atlas, 2006.

_____ et al. *Safári de estratégia*: um roteiro pela selva do planejamento estratégico. Porto Alegre: Bookman, 2000.

MISOCZKY, Maria Ceci A. Da abordagem dos sistemas abertos à complexidade: algumas reflexões sobre seus limites para compreender processos de interação social. *Cadernos Ebape.br*, v. 1, n. 1, p. 1-17, ago. 2003.

MORGAN, Gareth. *Imagens da organização*. São Paulo: Atlas, 1996.

MOTTA, Fernando Cláudio Prestes. A teoria geral dos sistemas na teoria das organizações. *Revista de Administração de Empresas – RAE*, v. 11, n. 1, p. 17-33, jan./mar. 1971.

_____. *Empresários e hegemonia política*. São Paulo: Brasiliense, 1979.

_____. *Burocracia e autogestão (a proposta de Proudhon)*. São Paulo: Brasiliense, 1981.

_____. *Organização e poder*: empresa, Estado e escola. São Paulo: Atlas, 1986.

_____. Organizações: vínculos e imagens. *Revista de Administração de Empresas – RAE*, v. 31, n. 3, p. 5-11, 1991.

_____. *Teoria geral da administração*: uma introdução. São Paulo: Pioneira, 1994.

_____. Cultura e organização no Brasil. In: MOTTA, F. C. P.; CALDAS, Miguel P. (Orgs.). *Cultura organizacional e cultura brasileira*. São Paulo: Atlas, 1997. p. 25-37.

_____. Maurício Tragtenberg: desvendando ideologias. *Revista de Administração de Empresas*, v. 41, n. 3, p. 64-68, jul./set. 2001a.

_____. *Teoria das organizações*: evolução e crítica. 2. ed. rev. e ampl. São Paulo: Pioneira Thomson Learning, 2001b.

_____. Organização e sociedade: a cultura brasileira. *O&S*, v. 10, n. 26, p. 13-17, jan./abr. 2003a.

_____. Administração e participação: reflexos para a educação. *Educação e Pesquisa*, São Paulo, v. 29, n. 2, p. 369-373, jul./dez. 2003b.

_____; VASCONCELOS, Isabella F. Gouveia de. *Teoria geral da administração*. São Paulo: Pioneira Thomson Learning, 2002.

_____. *Teoria geral da administração*. 3. ed. rev. São Paulo: Pioneira Thomson Learning, 2006.

NORTH, Douglass. *Institutions, institutional change and economic performance*. Cambridge: Cambridge University Press, 1990.

_____. Institutional change: a framework of analysis. In: SJOSTRAND, S. *Institutional change*: theory and empirical findings. Armonk, NY: M. E. Sharpe, 1993.

OHNO, Taiichi. *Toyota production system*. Cambridge, Mass.: Productivity Press, 1988.

PACHECO, Flávia Lopes. *Um estudo sobre o isomorfismo institucional nos teatros da Região Metropolitana do Recife*. 2002. 104p. Dissertação (Mestrado) – Universidade Federal de Pernambuco, Recife, 2002.

_____; VIEIRA, M. M. F. Cenário, palco e plateia: análise dos teatros da Região Metropolitana do Recife. In: CARVALHO, Cristina A.; VIEIRA, M. M. F. *Organizações, cultura e desenvolvimento local*: a agenda de pesquisa do Observatório da Realidade Organizacional. Recife: UFPE, 2003.

PARKER, S. R. et al. *Sociologia da indústria*. São Paulo: Atlas, 1971.

PAULA, Ana Paula Paes de. Tragtenberg revisitado: as inexoráveis harmonias administrativas e a burocracia flexível. *Revista de Administração Pública*, Rio de Janeiro, v. 36, n. 1, p. 127-144, jan./fev. 2002.

_____. Fernando Prestes Motta: em busca de uma abordagem psicanalítica das organizações. *O&S*, v. 12, n. 34, p. 13-15, jul./set. 2005.

_____. Maurício Tragtenberg: contribuições de um marxista anarquizante para os estudos organizacionais críticos. *Revista de Administração Pública*, Rio de Janeiro, v. 42, n. 5, p. 949-968, set./out. 2008.

PERROW, Charles. The analysis of goals in complex organizations. *American Sociological Review*, n. 26, p. 854-866, 1961a.

_____. Organizational prestige: some functions and dysfunctions. *American Journal of Sociology*, n. 66, p. 335-341, 1961b.

PFEFFER, J. *Power in organizations*. Marshfield, MA: Pitman, 1981.

_____; SALANCIK, G. *The external control of organizations*: a resource dependence perspective. New York: Harper & Row, 1978.

PIERUCCI, A. F. *O desencantamento do mundo*: todos os passos de um conceito. São Paulo: Ed. 34, 2003.

PORTER, Michael E. *Técnicas para análise de indústrias e da concorrência*. Rio de Janeiro: Campus, 1986.

PUGH, Derek S.; HICKSON, David J.; HININGS, C. R. An empirical taxonomy of structures of work organizations. *Administrative Science Quarterly*, v. 14, n. 1, p. 115-126, Mar. 1969.

_____. (Eds.). *Writers on organizations*. Beverly Hills, CA: Sage, 1985.

_____ et al. A conceptual scheme for organizational analysis. *Administrative Science Quarterly*, v. 8, n. 3, p. 289-315, Dec. 1963.

_____ et. al. Dimensions of organizational structure. *Administrative Science Quarterly*, 13, p. 65-105, 1968.

_____ et al. (Orgs.). *Os teóricos das organizações*. Rio de Janeiro: Qualitymark, 2004.

QUINTANEIRO, T.; BARBOSA, M. L.; OLIVEIRA, M. G. *Um toque de clássicos*: Marx, Durkheim e Weber. 2 ed. Belo Horizonte: UFMG, 2002.

RAGO, Luzia M.; MOREIRA, Eduardo. F. P. *O que é taylorismo*. São Paulo: Brasiliense, 1984.

RAMOS, Alberto Guerreiro. *A nova ciência das organizações*: uma reconceituação da riqueza das nações. Rio de Janeiro: FGV, 1981.

_____. *A nova ciência das organizações*: uma reconceituação da riqueza das nações. 2. ed. Rio de Janeiro: FGV, 1989.

_____. *A redução sociológica*. Rio de Janeiro: UFRJ, 1996.

ROBBINS, Stephen P; JUDGE, Timothy; SOBRAL, Filipe. *Comportamento organizacional*. 14. ed. São Paulo: Prentice Hall, 2010.

RODRIGUES, José A. (Org.). *Durkheim*. 8. ed. São Paulo: Ática, 1998.

RODRIGUES, Suzana Braga; SÁ, Raquel C. Radamés de. Estrutura organizacional brasileira: aplicação do modelo de Aston e implicações metodológicas. *Revista de Administração de Empresas*, v. 24, n. 4, p. 158-174, out./dez. 1984.

SCHNEIDER, Eugene V. *Sociologia industrial*: relações sociais entre a indústria e a comunidade. Rio de Janeiro: Zahar, 1976.

SCHWARTZMAN, Simon. Atualidade de Raymundo Faoro. *DADOS*: Revista de Ciências Sociais, Rio de Janeiro, v. 46, n. 2, p. 207-213, 2003.

SCOTT, W. Richard. The organizations of environments: network, cultural and historical elements. In: MEYER, John W.; SCOTT, W. Richard. *Organizational environments*: ritual and rationality. London: Sage, 1992.

_____. Toward a theoretical synthesis. In: SCOTT, W. R. et al. *Institutional environments and organizations*: structural complexity and individualism. California: Sage, 1994.

_____. *Institutions and organizations*. London: Sage, 1995.

SELZNICK, Philip. *TVA and the grass roots*: a study in the sociology of formal organization. Berkeley: University of California Press, 1949. (University of California Publications in Culture and Society, v. 3).

SILVA, Benedicto. *Taylor e Fayol*. Rio de Janeiro: FGV, 1987.

SINGH, Jitendra V.; LUMSDEN, Charles J. Theory and research in organizational ecology. *Annual Review of Sociology*, n. 16, p. 161-195, 1990.

SMITH, Adam. *A riqueza das nações*. São Paulo: Martins Fontes, 2003. v. 1 e 2.

STONER, James; FREEMAN, Edward R. *Administração*. 5. ed. Rio de Janeiro: Prentice Hall, 1995.

TAYLOR, Frederick Winslow. *Princípios da administração científica*. [1953]. 7. ed. São Paulo: Atlas, 1970.

THOMPSON, V. A. *A moderna organização*. Rio de Janeiro: Freitas Bastos, 1967.

TRAGTENBERG, Maurício. *Burocracia e ideologia*. São Paulo: Ática, 1974.

_____. *A delinquência acadêmica*: o poder sem saber e o saber sem poder. São Paulo: Rumo, 1979.

_____. *Administração, poder e ideologia*. São Paulo: Moraes, 1980.

_____. Memorial: Maurício Tragtenberg. *Pró-Posições*, Campinas, n. 4, p. 79-87, mar./jun. 1991. Disponível em: <www.espacoacademico.com.br/030/30mt_memorial.htm>. Acesso em 10 ago. 2009.

VARGAS, Nilton. Gênese e difusão do taylorismo no Brasil. In: *Ciências sociais hoje*. São Paulo: Cortez, Anpocs, 1985. p. 155-189.

VASCONCELLOS, Maria José E. *Pensamento sistêmico*: o novo paradigma da ciência. 7. ed. Campinas: Papirus, 2008.

VIEIRA, Marcelo Milano Falcão; CARVALHO, Cristina Amélia. *Organizações, instituições e poder no Brasil*. Rio de Janeiro: FGV, 2003.

WAHRLICH, Beatriz Marques de S. *Uma análise das teorias de organização*. Rio de Janeiro: FGV, 1971.

WASHINGTON, Marvin. Field approaches to institutional change: the evolution of the National Collegiate Athletic Association, 1906-1995. *Organization Studies*, v. 25, n. 3, p. 393-414, 2004.

WEBER, Max. *The theory of social and economic organization*. New York: Free Press, 1947.

_____. *Ensaios de sociologia*. 5. ed. Rio de Janeiro: LTC, 1982.

_____. *A ética protestante e o espírito do capitalismo*. São Paulo: Pioneira, 1996.

_____. *Economia e sociedade*: fundamentos da sociologia compreensiva. Brasília: UnB, 1999. v. 2.

_____. *Economia e sociedade*. Brasília: UnB, 2004. v. 1 e 2.

WILLIAMSON, Oliver E. *Markets and hierarchies*: analysis and antitrust implications. New York: Free Press, 1975.

_____. *The economic institutions of capitalism*: firms, markets, relational contracting. New York: Free Press, 1985.

_____. *The mechanisms of governance*. New York: Oxford University Press, 1996.

WOOD JR., Thomaz. Fordismo, toyotismo e volvismo: os caminhos da indústria do tempo perdido. *Revista de Administração de Empresas*, v. 32, n. 4, p. 6-18, set./out. 1992.

_____ (Coord.). *Mudança organizacional*: aprofundando temas atuais em administração de empresas. São Paulo: Atlas, 1995.

_____. Terra em transe. In: MOTTA, Fernando Prestes; CALDAS, Miguel P. *Cultura organizacional e cultura brasileira*. São Paulo: Atlas, 1997.

WOODWARD, Joan. *Organização industrial*: teoria e prática. São Paulo: Atlas, 1977.

Sites

European Foundation for Quality Management <www.efqm.org./>.

Fundação Nacional da Qualidade <www.fpnq.org.br>.

International Organization for Standardization <www.iso.ch/>.